海西贐行日記 原本

韓國學資料院

海西暗行日記

丙子三月初六日壬戌雨初昏後　傳于政院曰前輔德朴某
軍資正李宜昌吏曹正郎李秉謙明朝並牌招○甲戌八月以
輔德陳疏有時論遂不進親試射罷職其九月卽敍用而無職名者蓋三年
○初七日癸亥晴早朝政院下人持　命牌來遂承　牌詣闕與李宜
昌李秉謙同出一處都承旨鄭惠徵以其等來待之意　啓稟則
仍令書入相避單子其規某道有某親相避云而限四寸及查頓同婿矣余時無職名令兵曹口傳
軍職副司直入　啓備而中使持封書三件來于政院承旨陪封
令余及兩李俱入各各分授封面皆書職銜及姓名踏　啓字余所授
封書不書軍職而書前輔德封書內即司謁文以騰某五種
戶曹送正木四疋白米伍斗六合錢五兩石魚參束

世子判李世華又送錢文伍兩 應教沈權文學任澂光亦來候
撰以下直入來 尚瑞直長柳述皆來于都承旨房與之話別遂與兩李出
東大門 出入關王廟 拆見封書則余黃海道李宜炅咸鏡道元達
廷謙忠清道 小頃 捩庭下人來察其去留遲速即爲散去由永渡
橋過出南山伐兒峙憩于松林中 舍弟來見暫話而還 馬牌二
則三馬牌余所持 一則單馬牌書吏所持隨行下人 鄧文館書吏金敬
翼 青坡驛子善望八命甲龍 性直驛子善宗家奴李奉持下
馬及粮饌等物來到 晚後作行 而新騎驛馬老疲甚鈍故至達曉
騎稍勝者仍以前進 踰水峴則日已昏暮矣過 果陵橋 夜色
朦朧不卞路徑 投入礪石峙村家則 村人甚爲防塞艱難借宿
至得夕飯 哭至二更矣 時余患感冒咳喉頻發 主家老嫗宿於

房奧而叱曰何許行客汚我佃壁耶多發困言不答而寢食頃
而覺則晨鷄已唱矣遂呼金斯翼為金奉事侍公平交東壯家而起
仍出前路○封書四丈一廉問條目十七件一田結事一戒勅御史一抽牲
十邑此則御筆
○初八日甲子晴晨發過高陽郡朝飯于碧石橋酒幕流丐探集
雞窶貧頗得餘飯啼呼乞憐所見悲憐午于坡州邑內酒幕中火隱接
人于官門為閽人所却不得入村李昆令公為牧使而居為海營伯故欲
探問閫海西物情兼為得狼狽阻難圖且恐有煩於傳播遂止之隨後續
暮晚到長湍村查積南令公鄉星為府使即傳小札邀面其轉
燈下處昏後入衙中相見時婿郎南瑞夏之子其兄鎭壽南相夏以奉
秋家數日前夭逝故為其埋葬于先山下婿郎及鎭[illegible]于尙內寺

匠宜昌即南令公之甥姪也為其齎粮亦借其處相借一室與語良久
昏後出來依幕南郎亦隨至同宿相與叙思仍送書于京家南令公贐
行資而天翼廣多儈及南草烟竹等物皆持去

○初九日乙丑晴晨發後槖駞轎到松都南門外閭閻櫛比市肆羅
列恐其張逆之見漏入深僻處朝飯後將發行遂與書吏作為兩行粮
太饌物分載各馬或先或後行出青石洞到把撥酒幕頭痛惡心等症
猝發強疾而行至於金川南面沓谷村痛勢漸加難以自定遂入村舍
搜出槖中平胃散一貼煎服後（煎茶器無以得請主人食鼎以煎之）日已薄晚矣仍為止
宿於其村夜深後以白粥若干療飢且與主人接話細問道内守令某某
事多有所云云矣

○初十日丙寅晴晨起氣稍勝遂發行到金川郡前酒幕朝飯

復仍作行過楮灘(甲子李适之敗李重老朴永緖等被殺之處)到四十餘里路过村秣馬遂入白川地界

逢山僧及村人有所聞路由山谷間至一處有草屋數三下馬入其家則只

有女人及小兒四五相對所食皆蔬菜問男人何在則時方飢卧房中

云俄而其男人啓其席門柔頭向我垂垂成音略有問答出囊中南草

數撮以給則稱謝無已夕到白川虎峽谷借宿村家則初不許入避辭

懇請後始爲肎許而身患尚翁故不能善飯氣且不平夜深後哭粥與

主人有所問答

○十一日丁卯晴晨發由山峽裏作路投一孤村村人等具草食相喫

至白川郡北十里村朝飯仍過邑前路至白川大橋村秣馬与村人等有語

問答多有所聞遂行至白川延安接界地欲止宿主人頗有疑之之色[illegible]

塞亦甚故轉向延安北鄕甑谷村落頃盡而村人[illegible]輩拒入宿至有

閉門不應者到處見敗、日已向昏不得已排入一舍則只有女人數三口甚不恭聲色俱厲欲留則主人甚苦欲還則日勢已暝進退狼狽躊躇之際有一班白老人自外入來曰此何行客耶、余即應曰吾乃湖西之人將向西関歷過載寧安岳等地、故不得已延過此地矣今日已昏黑泄無接住處、願主人借一廳事以爲過夜之地主人良久無言只日暮行人何忍迫逐乎行次下人等須卸馬出粮仍呼其女人曰淨掃一房安頓行次毋庸雜談速爲炊飯待之頗厚仍与同宿從容問着多多有所聞其姓名蕭一男內需司奴云、

○十二日戊辰晴晨發到延安西面水呑改着常服稱以行商入村舍朝飯与主人從容接話頗有所聞午到平山道下面村舍盖平山地界錯入于延安海州兩間者也前路有海浦潮水方生不得渡仍爲止宿

於其村則皆防塞不許到一舍主人初難而忌請後許之自言其姓名
金拜玄以校生落講降軍者也其先世有壬辰 扈從原從祿券也
亦於我称冤其降定軍役欲爲頃下而呈訴某路云云仍与接話
同宿多有所聞矣
○十三日己巳陰晨欲早發而天有雨意曉潮未退食後始渡
乞伊浦即海州地也午到海州東面蘭多谷秣馬渡雷川橋
夕抵海州東面登臺村艱難借宿
○十四日庚午小雨晨發過海州邑內到許亭在海州西十里地欲爲朝飯至亭
子言於守直者曰吾与汝上典頗親厚來時許其秣馬于亭舍矣汝等未
可炊供吾飯耶則吾宗不知許亭主人而設詭辭以欺其守直者無復粮可
炊飯也有老女人大笑曰吾大上典別世已久夜過三年豈有許

未接之事乎未知何許兩班出此怪異之言耶余即爲言曰吾與汝主果爲相切而不見屢年矣今聞汝言不勝驚慘生時常常有言曰君或過海西必上吾亭云故今爲此言來時之說偶然錯誤耳第速炊朝飯仍出給粮米則守直者頗然之時朝日已三竿矣將往康翎必欲往渡浦口而村人皆言若稍遲則午潮必至不可直渡云故催行渡巷浦其廣十五餘里疾馳才渡則潮水始生下馬及拿吏所騎馬亦及到矣遂下馬坐於岸上招呼急渡然後仍與小憩夕到康翎判事村有一尾屋高大繚以藩墻至门外請宿則主人即許而延入之淨掃上房鋪其新席待之甚厚仍與接話余問曰主人則不憂粮乏耶對曰常年頗饒居矣即今則所食如此出示草根雜以糠屑若且多有所云云矣問其姓名則崔大先

○十五日辛未晴晨發到康翎黔朴串枝村舍朝飯与主人問答
多有所聞午到康翎東北坪村秣馬送奴于邑內場市貿米以來
等待之際日已向西行二十餘里到海州馬山坊村請宿則主人初
不肎諾懇請始許而頗有疑之之意夕飯後來問曰客主居在何處
以何事往於何所耶當此凶年騎卜二疋上下四人粮太餅物何以
辦出耶常時做官耶業儒耶業武耶對曰余自少不能文力
弱又不武何以做官凶歲資身百計無策不得已作此遠行者族
人方為關西太守故欲為乞食今往其處而所居則在於老清京
坼接境地矣主人又曰若往關西何不直前而迤入迂路耶對曰也不知道
路之迂遠而為其得粮或入於相親各官及所知鄉人故如是迂
未耳主人曰相親各官則某郡某倅所知鄉人則某處某人

郡所生閔西某守令郡 余曰各官則金川鳳山長淵豐川皆相
親者金川之李生員海州之崔生員長淵之金生員皆是親舊豐閔
西守令則安州族人也平壤龍岡相切之人也主人語盡遂出我俄而復
入曰此下村似是一京客若乘好馬來宿未知與之同務而來者耶
此指金吏也 對曰非也主人何爲而問之也曰其行次下人乘馬而來與此下
人輩相語故疑之有問矣余曰常漢輩或路中相識則不過
借飲南草自相與語而已吾則不知也仍問曰主人在村何事年
幾何姓名云何貧富何如對曰本以良人在村閑遊年過六十
餘姓名吳興稷常年則至過矣今則似未免餓死云矣
○十六日壬申風晨發踰馬嶺山路崎嶇從朝冒風到海州西面銀
同村朝飯主人饋以[illegible][illegible]青魚發行之後今始新嘗矣行糧告罄

欲賣木疋則一疋只直錢文一兩八戔而一兩只給田米八升盡搜橐
中所儲則只有錢文若干兩木一疋矣問於村人則村人知其急皆索
價甚高不肯出來鈄調村中老人曰今年米貴八升直一兩比之常年
其利倍々此固已足有何更索乎村人至有大笑而去者終不買賣遂
發行路中遇山僧似是往場市者出示木疋則卽捐錢文二兩五戔
而換去矣行十餘里前患頭痛惡心等症復發蓋是日甚觸
風寒飢乏之餘加餐頗多仍添癨亂到松禾於川三里立岩村前
痛勢益急於馬上嘔吐氣甚不平遂入其村煎伏胡椒茶以爲救急
之方遲留之際日勢向晩矣金吏在後使人傳言氣甚痛苦曰
已薄暮無寧止宿此村夜間調理而早發之爲愈也投入一村舍乃
水使居漢家也又煎服平胃散一貼夕飯則廢而不進夜半後氣商

滕明灯而坐与之人有所問答仍飮白粥少許
○十七日癸酉陰晨發主人曰行次去夜痛劇今何不調治又爲侵
晨作行耶答曰行路甚忙病不大段何爲留滯即發行到松禾白
羊谷朝飯而余則不能餐食只飮白粥午憩松禾烏谷秣馬夕到松
禾鄕校村止宿與主人有所問答
○十八日甲戌晴晨發到文化西面草里村舍則其村人甚爲防塞
移入一處其主人曰吾家方患瘟疫兩兒一時臥痛勢難接客余
曰雖有瘟患吾非借宿暫時經過有何所妨主翁笑曰吾家疫疾
客甚貿兩客相遇彼此何害顧謂其婦曰速炊飯以供仍鋪席於庁
中使之許坐相與接話遙望前村有一民屋空在無人問曰此何人家
而空棄耶曰此村人之舍而前月逢賊患僅免死已恐其再被移避他

村曰主人家不憂此患耶曰吾家無持去之物固無所畏然亦處
賊患甚多欲爲避居于大村中而瘧患經月不息故姑留此耳
夕到文化葺川村止宿病未快穌不能喫飯主人曰客主何不炊飯耶
余曰行橐已竭無辦食之勢故耳主人曰觀此行次奴馬器具頗
不疲弊而有此乏糧之言誠可恠也仍與接話多有所卞
○十九日乙亥晴晨發行十餘里着檢行中什物則忘置耳環刀于主人
家急送人推尋以來到安岳青坡村朝日已晏村人皆出野有一老嫗
在家理繰而言吾老何能炊供客飯耶再三懇請然後始許之時
余瘧氣已差始爲喫飯奴告曰行糧只有田米五六升大米二三升
太七八升菫支今日夕時之費而明日則一行殆將盡飢何以爲之余
謂金吏曰當初之計若過鳳山則暫入得糧矣今則去鳳山頗遼遠

雖周旋此安岳太守則非但素昧平生且是抽牲之邑決不可得糧
將若之何金吏曰此去四五十里西有海津名曰鹽崖(赤浦)渡此即平安道
三和龍岡等地若與此等守令相知則可得若干路資此外無他
策也(答曰龍岡縣令柳龜徵自少相切之友不可在此得糧之爲得也遂)午到安岳小串村舍秣馬問其主人曰此去鹽崖(赤浦)津幾里答
十餘里又問曰險易何廣狹何答曰廣則稱廿餘里而頗險雖然行
人多過涉者似無憂矣遂尋其路前進入阪津中迷失道薄暮到
安岳安國坊抵海邊村舍借宿急具一行夕食後招問津夫曰日色
猶存吾行甚忙請借汝船暫容濟我津夫曰潮水方生不可渡
當待潮退可以行舟爾吾之不食今已二日餘無氣力可以理楫行
中如有餘饔未可食我耶不然吾亦末之如何矣余曰此舟無一合米
案無容手地遂出給藥果數立南草壹握温言遜辭開諭萬端

津夫曰吾将強為運舡余問曰行舟當在何時津夫曰二更量丘
當其時余曰及期未告無用失時仍与主人有問答奴曰行中只有
田米若干升上下七人無以晝食将奈何余謂主人曰吾當於旭後
更到此處未可許貸一斗米耶 主人曰吾素是貧殘者死則易矣一
斗米豈可貸人耶 余曰此村甚大如此許多村人中豈無一處可
貸者耶 主人曰雖或有之此時人心不可測豈可輕易出給耶 余曰
如或不信以所佩刀及可信物為約契如是則可得耶 主人曰客言
如是切迫第往問于村中 俄而還言曰村人等非但不信亦實無
一斗穀可以貸人者奈何終不得貸出至二更津夫来告曰已為過
涉之時遂往發船所時月光微明夜色蒼茫兩崖石壁削立海
門廣闊行舟中流波濤洶湧舟人危怖余微吟平生忠信今

日任風波之句則津夫等始知解文字而秘問之曰此行從向於何處耶
余曰將往龍岡邑底有一從弟津夫曰龍岡太守出往未還如欲爲此
而往則必狼狽矣余問曰君何以知之荅曰吾乃龍岡地津夫村人等昨
自邑內來言如是故詳知之金吏曰若然則大敗矣無若罷渡其奈
貸糧疾往鳳山得糧之爲得也余曰如此險津既已半渡雖欲還
去津夫輩必不聽從且往龍岡若無其倅吾留其處轉通于郡
時柳以復爲平壤判官而自少親密之交也
內庶可得若干糧米急送汝于平壤判官處可以優得行資
此萬全之計也良久艇泊岸下路皆泥深難以容足遂負於人
艱難登岸而金吏則負者失足顚仆兩人俱沒於泥中衣袂
盡爲汚濕投入浦邊村舍則鷄已鳴矣假寐少須過其東
方之既白前向前路則月色尚在時未向曙行十餘里天始落明始

有行人矣

○二十日丙子晴晨發如爲龍岡東倉邊處村舍欲爲朝飯則村人甚爲汚塞轉至一處則客室頗精遂入坐其廳主人出見而似是自稱兩班者問曰客自何來而往何處耶余對曰自安岳渡海將往平壤仍与接語而行中只有田米四升上下之人等〻療飢而已去夜以其渡海之故終宵不得寢疲困且睡午後直到龍岡邑內探問則彦倅果出往來營遂止接于一民家房舍頗好問其主人之姓名曰金武選驛子于作廳招一吏而問曰汝倅往何處回還在於何日耶對曰以同推往平壤今夕明朝當還矣又問曰邑中有子弟耶對曰性子壽爲主方在此金口山遠爲傳通於書齋主曰宗中於義洞朴姓兩班來到猶見云〻餓而柳夏胤出來乃柳庚徵之子 翻鬮之姪子也 見我驚喜曰尊丈何[illegible]更作此行

行那柳時鳳瑞以稽行方到平壤而吾行又本故柳夏胤與吾後房
備衣之行於平安道也余笑曰吾則去官已久豈有公幹以不得
事私自作行君何疑之耶仍問早尋姊又何日旬罷耶對曰
亦多遲矣行次本官江西縣留宿明早望衙云云矣余曰吾行
粮已竭今日一行當以門食速爲具食以來柳生以此付下人畢
以歡器奉使來饋矣主人者初侶雖無行廛之意非無敬謹
待接之事及見而客出來敬待且知吾爲做官之人而疑其瞎
行於本道然後頗有惶恐之狀想可笑也與柳夏胤穩話夜
深後柳生入去
○二十一日丁丑晴早食後龍岡[redacted]倅[redacted]自江西望衙而聞余
來到即爲出來相見甚喜而亦有疑之之色曰柳文學既

下來兄何爲豈到耶 余笑而不答只曰粮資已乏欲爲得
此而來可以斯速救助 對曰粮太饑物唯意所求行中緊用物
件須列錄一紙以爲辦備之地 且曰今已過亭午日勢差晩
無若仍留在此明曉早發也 余以路甚拒迫不可信宿於一
處速備行資以爲出去係而所求物件後備以來仍爲發
行畢出就圖東急於舍止宿
○二十二日戊寅晴 晨發到億用津邊 乃急水門上流也 廣則不如
赤浦
崔崖津 而其下津船皆以江都運米護送船事出去 只有蔚玖若
一隻危不可渡 俄而一船自上津下來 津夫曰此船堅緻可以渡 但涵湘
方生塩鹵之水漲溢 則雖於過涉 速呼彼船急渡可也 但觀此一行四
馬七人卜物甚重 雖容一船 分作再巡 庶可無患 遂先送卜馬送

後於渡登岸則乃黃州西面松山里也仍為朝飯方其渡津時
遥見波濤中有一物形狀似豚随波出沒恠而問之曰彼物何魚也
舟人對曰此乃物伊赤魚也形則似豚而無鱗大者或如三歲犢
能吞舟魚急走之時海浪橫決余曰人或捉得否對曰海邊之人
性、射捉而其肉則似馬肉其膏甚多故煎取為用或代燈油或塗漆
瘡則頗有效矣射捉之時必用繳矢鏃似釵股形中後不能拔
三人一時並發三矢俱中之後引繳而出之置沙邊則能作吼、之聲顚
有風浪之痕矣余又問曰海中多恠物云汝等或有所見否毋
曰此處則非大洋別無奇恠之物而但有一魚未知其名或評其形
直立海中一時、出沒名曰黃赤此所大旱時必出現也午後到
黃州西面青龍浦欲渡津向安岳村人等曰此津廣、或三十

里日已向夕勢難遠涉云云乃爲止宿浦邊村舍主人饋以蟶
蛤鯽魚曰常時客過之日如供饌物矣今此凶年凡物俱乏故如
是草草矣余謝曰發行亡已數月餘而入於人家未嘗見此蔬菜
之待客矣獨於主人家見之可謂厚矣仍與存問多有所聞
○二十三日己卯陰夕雨晨發到旧縣山嶺朝飯與主人有所問
答午後到粟串之津兩岸船泊處泥深人馬不得往來俟潮水
滿岸後始渡而雨勢漸急日已向夕欲投宿津邊倉底村村舍
甚狹窄寮雖容接且皆無馬廐不得已踰一岸而投入村家則
其家只有女人數三閉戶而入頓無接待之事卸馬而坐避雨
於廡下雨下愈甚日勢幾暝進退維谷計沒奈何俄而一人衣冠
而至似是自稱非常漢者揖前而言曰此處則只有婦女外

客何以止接來宿於我未為不可余曰初不知此家[illegible]
未嘗一宿今聞君言勢雖往過矣第君家在於許地指前崖
而言曰彼崖上開扉者乃吾家也遂逆與之步往則延坐於客臺
呼童分付急受粮米炊飯而來燃燈懸壁對坐接話余
問曰此何地村名為何主人姓名云何對曰載寧地壯面東串之
村姓名申達賢也余曰君無乃平山之申耶對曰然余曰平山
之申皆是壯節公(申崇謙高麗開國功臣也)之後主人亦然耶對曰有問
及此宗為慚愧吾乃壯節公之後先世則兩班矣到今衰
替未免為軍保之役此所以愧恧也向者客先入之家乃吾
亡兄家只有寡嫂故吾敢請來此耳與語良久有一人自外
入來申達賢起立敬待曰往生員何以知之而來乎其人曰

聞隣人之言則有一行次入於君家云故或慮京客而來見
也遂向余而言曰居在何地將往何處耶余荅曰居在忠清道
因年飢乏食將往閑處欲爲乞貸之計又曰吾姓名乃任璃也以縣
於豊川故與京居任判書相元任陽與胤元一家同姓相親尊或
與此人等相知耶余曰本以鄕人居在遠地雖或聞京中有任判書
云云之說至於面目素所昧昧也曰問他事不言姓名則任璃曰吾既先
通姓名尊何不對言諱字耶余曰酬酢他語之間未暇荅禮吾
之姓名乃朴重也任璃與語之際頻頻偷視猝然問曰吾上年七月
間往任璃與家其時任判書亦在座與人對局象戲其人顏面
恰似尊之貌乃是耶余笑曰任判書任璃與吾素昧平生豈有往
其家對局之事乎此君錯認者也仍問他語則任璃亦有所答

而觀其氣色頗以爲疑夜深後辭去曰雨勢似未除霽何[illegible]
朴生員必於朝飯後發行早當又來見也余曰吾行甚忙雨雖未晴
便晩當於君何尋耶申達賢亦有挽止之意而不敢出請
目任璃而申請余答以主人如是懇請當觀勢爲之云云
○二十四日庚辰雨鷄鳴後雨勢不止天色微明震方將發曉
爲任璃訶疑恐其漏泄將欲上馬出門則申達賢知其早行
自內出來摩馬而止之曰既具白粥願一嘗而去且雨尚不開何以
冒雨發行耶觀其辭色則言雖懇切而至於具粥之說必虛
也余曰主人情甚款厚多謝多謝但吾行一時爲急故不得已雨中作行
須勿爲過慮仍爲發行到十餘里雨下愈多一行盡濕[illegible]
路邊一村問其地名則乃載寧倍耳村問其主人則曰崔生主

稱名者主人曰如此雨中何以作行去夜宿於何村而何不於宿處仍為朝飯耶以人家甚挾只有馬廐半間難容行次馬匹且無槊草炊飯喂馬等事何以為之乎余曰去夜宿於槊串之津而初不料雨勢之如是終朝只為行拒乘早啓程矣人馬沾湿勢難前進故入於此村不過暫時朝飯而馬廐雖小豈不容二疋馬乎槊草則當給准直此善難也主人笑曰接待[illegible]不無他日之利且雨中來客豈忍逐去乎遂炊飯而進仍與答問多有所聞午後雨稍止到信川東村古驛過伊里入路傍一村舍有白髮老翁出見接待余曰雨後頗寒請借一房暫為休憩老翁曰吾家只有一房而陋麤莫甚恐非尊客所合處既已到此安敢以此為辭乎遂延入坐我小屋如斗只有一[illegible]

翁進前而言曰尊客必是做官貴人余笑曰主翁何異言
也余自少不能文力弱又不武何以爲官方此五十年欲免饑死
將乞食於閭里相知守令主翁有何所見而發此言也
老翁曰無欺我須直言果是不做官客耶余正色
曰吾若做官何事欺主翁〻〻曰誠如是也此公學
也觀客主狀貌非是做官貴人故向有所云〻矣余問
曰主翁能相人術耶對曰吾年今七十九矣在十六七歲時
唐天使程副總龍白副總登庸兩使經過西路吾
屢爲房守兩天使愛吾好容貌而至於白副總仍以其
姓同之故尤爲親我賞給頗優以口訣教之曰人之耳
目口鼻如是則必貴如是則必賤又書假令盡語數丈

授我曰明知此術則可以得食云云吾其時親聞其說而觀容臺
眉目及鼻則頗與兩天使必稱必貴之說相似故果有所云矣余
仍問曰所謂必貴之說則誤矣若吾者其能有子而年且壽耶
老翁來撫摸後骨曰壽則必長矣又問曰有子否老翁曰善
堂蒲知如此事乎又私自口語曰以相則必是做官貴人亡無是事云
此必八字不好類有慨然之色余問曰已往則無可論將來或有做官
之事耶老翁曰似此形見而前既不做官則來頭何可必乎生在戊午
年設萬科於義州吾父亦中其榜而其時官家爲其廣取使舉
子進前發矢或有不中者云科舉得失信亦有數以君之相尚不
得官名則其亦命也余問曰君何許人也答曰白哥乃信川之大族
而諸宗皆爲座首吾乃庶派也吾父中戊午武科吾無可業

遊而姓名白壽男也兩天使相我曰汝年過八十家計富饒云矣少時則夫妻力農薪旧相依衰老之後漸不如少時即今七十九朝夕將死兩天使所言亦不可謂有驗余曰主翁家計之貧富姑未知之年今七十九强健如此則天使之言不誣矣有子孫否曰無有此則天使相我時言其無子果驗矣仍與居問世事多有所聞夕抵信川甘泉谷坊元山村則村人防塞特甚到處見敗日已昏暮又到一處主人却之亦然欲轉住他所則瞋色衛生欲為止接則牢拒不許進退狼狽冒昧沒趣卸馬而坐於門內饑而主人者出來余曰同是一國之人而如是切迫夫人他日為客時若逢如此境界則將何如耶主人曰日暮遠客因難逐去但吾家有重病不見勢難接客以是為悶

耳余曰方今時候向暖雖得空廳足以經過一宵惟願
主人以狼狽斂主人遂入去良久來言曰吾房雖陋兒病雖
重業已至此暫為經宿引入坐定始喫夕飯夜幾二更矣主人
曰吾有八歲男兒病臥已五六朔一夜之間夜便頻數同宿一房
恐有難便之事余曰病兒夜便自是常事有何難便有
一人自外入來稱以主人之兄相對與語之際見病兒有呻吟
之聲轉身呼母主人曰此兒必便矣舉衾視之開窓呼狗兩犬
一時躍入爭先舐便其臭甚惡不可形言其兄回首塞鼻
而言此則不忍聞當初之不許入宿寔有如許緣故非稱嫌也
余亦以扇蔽面擁鼻矣而問曰此兒一夜便幾度耶主人曰無定
數或一二巡或四五巡矣既已無可奈何將欲就枕主人之兄

去後即還來而言曰吾之房雖卑陋猶勝於此處之臭惡[illegible]
宿於我家未知何如即為移往其家則前主人追後來言
曰以兒病之故深夜移徙實為未安余曰事勢適然何未安
之有仍曰貴兒腹痛已幾月耶對曰六箇月矣飲食則不至
全廢而一夜之間便下少不下五六度雖期其生余曰以艾燒臍
則庶可收效何不為之耶對曰燒臍之法何以為之耶余具
告其方則對曰吾則只知其為兒祟此等用藥事不知也仍與
接話多有所中
○二十五日辛巳晴晨發到信川森洞村舍朝飯與主人
接話多有所聞午到文化藥山坊秣馬少到安岳順風坊
道察里投入一村舍請止宿則不甚牢拒即許接待問

其主人之姓名則曰金莫大稱云者也与之同宿多有問答
○二十六日壬午晴風晨發曙色甚冷野風頗烈行十里許
不堪寒凜加以飢乏到安岳板橋坊路上有一村舍欲爲
止接遂入門內外廳呼問其主人無有則時尚早門扃
俱閉寂無人聲、俄見自上房有人少開西門隱身闖見移時
有一壯健男子突然出來直立坐前而氣色頗厲高聲言
曰未知生員耶司果耶、觀此行色則似是兩班之行而何其無
人事如是耶我亦非常漢之家則何爲不問而直入耶敎
奴輩若是無狀亦可謂無人事也有欲拳之意余遂笑而
答曰我亦知主人家非常人家故未敢直入內廳、坐此客座有
何可然之事同是一國之人曾前雖不相識一見之後便是相

知之人何其辭氣之不平至此甚也奴輩之無狀其責在我還
言避辭多般開諭則主人者色頗下余仍曰今日寒甚冒
踏作行且有飢困主人未可炊飯以給耶主人花熟視良久
曰吾雖居在路傍未嘗炊飯供客遂驅出門外無奈何望
見越村吝開門步往其處則其家先知之遂閉門不納故
不得已作行過一馬場路登嶺上有一村舍投入其家則乃
弓匠家也堇過朝食仍與接話遙指早時見逐之家而問
曰彼處彼家無乃兩班家耶 對曰非也乃騎兵令之家譽
後到長連東排岩村有一尾家高大暫請秣馬主人即許
之時日已向晡前路無可止宿處徵送騎奴于金吏所住
處言曰日色傳晚此家頗好仍爲止接一宿探問明曉

早發可也遂謂主翁曰吾路困適是故欲於主人家過了
一宿翁其肯許否主翁曰吾家甚寬且有客室一箇從容
何難之有淨掃一室延入而坐床亦改着新衣將笠侍之髭
曰今日兒輩登山採蔬多摘木頭菜而來山蔬雖薄可侑
遠客一嘗乃供夕飯與之同坐多有說言問其姓名則曰金興
鐸以官裨將今為堂上云矣入夜後有人自外呼其主人與語
移時主翁復入曰吾欲與之同寢矣適有他故未果焉察其
氣色似有疑之狀余曰有甚緣故徹不得連枕不勝缺然吾
當乘曉早發主翁年老之人唯好在他日過此倘或相逢其幸
何如仍問主翁有子幾人耶對曰有三子頗達挺達一則貴人
云云鷄鳴後將欲發行主翁出來曰何如是早發耶以好梨

四五介酒一盃来饋余以病不飲酒只喫一梨而多謝厚意焉
辭去
○二十七日癸未晴晨發行十餘里不知金吏所去處使奴還
到金吏所宿家探問則既已出去云矣蓋先我作行已在前路
也到長連邑內朝飯後始知已往前村仍為發行午到殷栗
縣西金程毛路村秣馬其主人乃校生也與之問答多有所聞
夕到殷栗少山村止宿
○二十八日甲申晴晨發過車踰山嶺路逢一人而問曰君在何郡
方住何處耶對曰吾殷栗人方受價持報狀往監營復問
曰今年飢荒孔棘近處守令中何官員善為縣政云有公筆
之能不能可言否耶吾亦生長鄉曲知守令之能否治民之苦

祟係焉以是問之厥漢言其亡處守令改債頗相近似或言
其可笑之事矣到文化西草里坊道餘味村舍稍歇午抵文化
延陽村舍秣馬夕到信川中令坊豐池串村欲爲投宿則村人
輩在在稱托不肯許接到一處勒入其家則主人頗不恭順俄而大
自外來見而似是非常人自稱生員拜余而問曰客何從而尋底
事而往耶余曰爲飢歲訪遍乞食於西關相知守令仍路過此耳
又問曰關西亦甚凶荒雖往必無益余曰要免飢死而已眞所謂漢
江沐浴也余仍問曰雖曰凶歲饑餒之客亦不接待此地人心何如是
無狀也其人對曰凶年人事不可以責之常度且此地四面郊野紫草
極貴故村人輩難於接客然既來之客將何以爲之耶呼其家人
曰雖貧紫草吾待可也夜深夕飯後其人自言姓名乃鄭紬文化

院儒也夜半後辭去同霞將矣溫此時倫常之患無從無定爲白
此患故不得已畢家矣
○二十九日乙酉陰夕雨晨發到信川東魚乙見頂坊樟川村路
逢一男子注於田中余問曰何注耶對曰本以京中醫松英居鍮器
匠人因年凶下來載寧地本官以其無戶籍不錄於賑濟中艱難
乞食於相知人今則相知人皆流散故方往信川族人家而不食今
已二日餘不勝飢餓臥於路邊矣前後所經處流丐繼屬於
道路所見慘然遂入村舍相從轉向載寧三枝江村秣馬
日已向晩矣渡唐灘行到鳳山西奈灘新村則雨勢漸下投
入其村借宿則主人卽許之見一老翁抱美兀歲兒余問之曰
孫耶對曰乃子也余恠其年老而有小子問其故對曰吾年今

六十一歲矣五十二歲生此兒有同孫兒故甚愛之余復問曰君之婦
則年歲幾許對曰婦亦五十一生此兒身仍興酬酢俳諧多有可聞
○四月初一日丙戌陰風晨發到鳳山南二里上閑余村朝飯後
午到鳳山側水村秣馬路由瑞興所已鎮邊到其騎馬及下馬步
踰嶺前峻嶺入一村舍借宿與主人問答多有可聞
○初二日丁亥雨曉起將發而雨下如注恐其前溪水漲不得
渡未裝而坐待雨稍止發行至瑞興邑內朝飯而糧資已罄故
斤賣識文質得米太後仍向新溪路入山谷間踰越峴峙踐歷
林藪晚後到新溪西碣古介村借宿而村落甚稀小問於主
人曰人家如是蕭條不畏賊患耶對曰深峽之中元無此患而今年
則飢荒特甚故流丐之人作一隊頹討食村家而小不如意則乘夜

衝火是可悶也仍與接話多有所聞
○初三日戊子晴晨發到新溪西麻枝一坊泉日新村朝飯
午到新溪邑內秣馬俱有所聞遂行到二十餘里沿邊山深
峽無大村落問於耕田人曰吾將向谷山地此去谷山界村家幾許
里耕田人仰視日勢曰今日已暮雖趁日力而疾馳決不可抵谷
山地界不過行十里許當昏黑其前無難到去處院所謂去處
院者新溪谷山接境院名也余復問曰若然則將於何村可以
投宿耶其人曰此處村落無十餘家連接若但前往二三里田
田間細路稍西而左轉再踰小嶺直北而入則有人家八九
屋相接而居生若此村之外更無可依處遂如其言艱難
尋覓果至其處只有六七村舍嶺背稍迫處又有四五人家見

其中稍寬舍滿病則主人若在房中董董作声而言曰男人
病臥只有一女人數多人馬何以接濟乎余曰深山日暮之時人
皆厭客雖轉往他處誰肯許接耶主人勿為牢拒肯住
過患是不難但炊夕飯以給則幸甚幸甚仍以温言屈容開諭
主人曰客言如此夕飯則可炊但一房之內病人所痛何處
止宿耶余曰即今日候不寒雖堂廳亦經一宿夕飯後主人開户
而言曰中其行次乃是兩班去且此處惡獸之患甚可畏入
此同宿可也遂入其房則稍暖處則主人病臥中浚蚕疱餘
外鋪一席而言曰客臥此經夜仍与接話多有所聞問此村名
云何對曰新溪東楡川村又問曰主人之居此村幾許年耶
對曰本以谷山之人移居此村今已數世吾年今五十九又問曰

何病耶對曰別無苦痛處日漸疲瘠咳嗽頻發時有頭痛即今則方在絕火中飢餓將死願行中如有餘資救活此急余曰吾行亦甚疲弊乞食於所經相知處故明朝粮資亦無一升米將未免餓死途中何暇救人耶搜出行中乾魚三介以給則稱謝無已而猶言乞得升米乃問曰行次向於何處耶余曰咸川陽德兩邑倅處前有面分之人故欲爲救窮將往其處耳主人曰此路甚捷自平壤入去則費許多日字迴還時若過此路更入吾家豈不欣幸耶余乃問曰主人之居此已久云猛獸之患必然有之深山之中或有大蟒云主人見之耶對曰惡虎常常有之至於大蟒吾未嘗目覩但聞諸古老人則村人嘗耘麻田因暑暫憩忽見麻枝披靡低偃諦視之有一

黑物環圍其田稍、向前有若掩襲衣其人之狀故驚起躍出還走其家而其時恍惚之際見其體則大如囷木其長則不知幾許云、矣俄而有人自外入來主人曰得來耶對曰不求一文錢浪不得貸出去主人歎息曰明日則餓死丁寧呻痛而臥蓋其子往邑內不得貸糧而來也

○初四日己丑晴晨發到谷山去勿院酒幕朝飯午抵谷山黑岩村舍秣馬有一老人為堂上者與其類對面見客來盡為散去余坐於廳中謂主人曰依前為象戲無以客來而罷去所占接話多有所聞夕到谷山邑內東五六里許崔坪里止宿主人若許入客室夕飯後招致主人有所引問則數語之後稱以有故終不出見或慮其見疑而然也困憊就寢良久覺之則渾身發癢

不堪其苦雖欲復寢終不可得仍以鷄鳴明燈而見則蝎出滿
蒲衾裡及衣袴中不能盡數掃除矣
○初五日庚寅晴晨發到谷山屯去文村舍則村人皆出去田野而
入一處則其家男女二將出野余懇止之曰遠來行旅適到此村皆
是空舍故將闕朝飯願主人暫爲我炊飯而去主人仍留其飯
而且進山蔬野菜盡其峽中民俗猶有淳厚之風新溪谷山遂
安三邑則稍勝於極邊野村之人矣前夜蝎出尚在衣袴中故遂
脫衣披衾盡爲拾去午後還到去勿院則院舍盡作灰燼
驚問其故[illegible]村人答曰去夜乞人怒其主人之不給食潛火主家故
延及盡燒耳院前時開場市人多聚會退其見驅馳到新
溪東高道山村舍秣馬乘昏到新溪邑內止宿

◯初六日辛卯晴晨入新溪客舍搜得文書盖新溪縣令沈棱多有民訴故欲驗其眞僞搜出各項文書則得其不法文書數丈故不得已封庫取其印信兵符送于兼官例也仍爲止宿於本縣而行中粮資將乏故來太若干令本縣覓納此亦流來例規也

◯初七日壬辰晴晨發到新溪貞峰里朝飯午到谷山路邊松樹下歇馬乘昏抵谷山邑內東村止宿盖谷山府使崔㯁亦有民訴故欲晨入搜検文書也

◯初八日癸巳晴晨入谷山客舍搜出文書別無大段現捉者而明日將往文城鎭故仍爲留宿午後分付本官禮吏呈公狀府使崔㯁來見

◯初九日甲午晴早食後往文城鎭則僉使丁達道見我

賑呈公狀未見考檢賑恤文書後即還谷山客舍仍為留宿
府使崔樸又為未見
○初十日乙未晴晨發到谷山南梧里川朝飯行到光山鎮秣馬
入其鎮考其賑恤文書後萬户柳尚萬具戎服呈公狀未見
夕到遂安南古枝岩村則溪流環村為深潭岩石奇峻村
容甚古時當春夏之交花木繚繞可謂峽中勝地投入一
村舍則主人初欲拒而旋即許之曰房舍稍好處則皆養
蚕故只有陋廛一室恐不宜尊客之經宿也余曰吾非尊客
也旅遊異鄉得房經宿於此足矣淨陋何擇夕飯後與主人
有所答問俄而一村人自外來言曰昨日官牌字內 御史行次
今明間入來大鰍魚斯速捉送云云未知既已入送否主人答

曰吾則不知也向於有司則可知之矣余曰此峽内村也何從捉魚
耶對曰行次未時必過前溪當前則溪水頗深故得魚不難
矣近年旱暵太甚水幾盡涸無路得魚作一村弊誠爲切
迫余曰若除此役則其爲村人之幸耶主人曰其幸何可盡言
余入本郡後分付該吏即罷其役
○十一日丙申晴晨發早入遂安客舍取考賑恤文書後郡守
李萬葉呈公狀未見日已向晩仍爲止宿
○十二日丁酉晴晨起裁書送京家還送當初帶來驛馬四疋驛子
罷而使遂安屬驛人馬趁早來待驛子二相善伊億萬貴等四
名持馬而來矣即爲發行到遂安南面閑谷朝飯後路由
峽中踰大小自樂嶺山勢岌嶪石徑巉巖不能騎馬徒步而

行間閑踰嶺午到瑞興東面漢南村秣馬主人初則頗疑
行色不爲接待後乃容接而自稱兩班者出見問曰此路非
大路、過遂安瑞興之人樵蘇往來而山路甚險行人絶少
君何爲而過此險嶺到此深村耶答曰余乃遠地之人頃往
関西今自成川等地出來谷山而遂安有相知之人故見此而欲
往瑞興問路於遂安人則皆言此路雖艱但其捷徑云故作
路來此耳主人曰聞御史下來出沒於新溪谷山等地云君
或有所聞而或相逢耶答曰吾亦有聞素不知御史面目雖
相逢於路中何以知之但過遂安時詳聞則既自谷山歷兎
山金川已爲還京云云矣主人曰吾亦聞此奇然則果信矣夕
到瑞興南面高方峙村舍止宿

○十三日戊戌晴晨發到平山西路邑村舍朝飯午到平山
西北川屯村秣馬主人曰問行次以何事向於何處耶余答曰因事
出得食次往西関主人曰如是則出兩班而在京何不做官為太
守耶余答曰吾雖兩班不文不武且無形勢何以為官主人曰若不
得守令此處屯別將亦好雖遑膺於監司足以差來何不圖之耶
余曰此屯別將一歲所得幾許耶對曰若知此理善為之則可得
百餘石穀物具餘狗皮真水等物亦多有得用之路豈不好哉
余曰若然則吾當早策圖差主人曰若果差來須以小人為庫直
可也余曰庫直得食幾許耶曰亦不下累千石穀余笑曰吾來則
當依約為之然其如未可出來何哉主人曰司果主若來則定必食
言彼此俱好矣唯願極力圖之遂行到白川西金山村止宿孝

主人有所答問多有所聞

○十四日乙亥晴晨發到白川下金山花山鉢里山村舍朝飯與主人接話多有所聞時自曉大霧至午始開與金叟中間相失行十餘里不知去處使蒼頭往于所宿村探問其住處遂下馬而坐於路傍岸上有一老僧過去見我進前而拜余問曰師在於何處而今往何所也對曰小僧在海州首陽山庵子今因乞粮往白川延安等地曰無上佐耶老師何其自乞食乎對曰有上佐數人矣無食皆流散故不得已親自乞食耳余笑曰高僧多絕粒者師則不能耶對曰小僧甚庸劣何能辟穀乃言曰飢食渴飲暑絺寒裘此人事之常理豈以儒釋而有別至於修煉服氣食不烟火此神仙誕妄之說何足取信也聞其言辭則決非凡緇遂

問釋家虛無寂滅之道則低頭合掌而對曰小僧何知但聞普濟衆生自是三界間大事業而在人間則大人君子必爲之云願生員主努力爲之俾如小僧之類亦被其澤則千萬感謝又曰今日場市有切緊事日勢差晚請急性之俄而金吏來到老僧退去遂發行到白川西牛峴秣馬夕抵白川邑內南鹿岩里止宿

○十五日庚子雨晨入白川客舍郡守李秉亨多有民訴搜出文書得其不法若故取印信及兵符送兼官封庫後夕向延安府來軒留宿

○十六日辛丑晴有文書從五事仍留延安府使李觀周呈公狀來見

○十七日壬寅晴晨發金吏得寒疾强起而行到十五餘里延安西

部黔禾大村舍朝飲煎蔘蘿飲一貼令金吏飲下服汗氣稍勝
云故遂發行渡麻灘到海州東青丹驛院前村秣馬欲往龍媒
鎮作路浦邊夕抵海州東康倉村乃塩村也逕見閭閻櫛比民
家鱗次意謂此處則可得好家住宿矣及至其村防塞特甚
掩閉門扃不爲應待到處見敗無所止接欲入龍媒則海潮方
漲勢不得渡欲爲還歸則時日已暝前村尚遠彷徨道路計無
所出適見一舍開門投入其家則只有數三女人麾却亦甚終至
於叱辱之境不得已退出踰過一岸入路邊一草屋則主人亦牢
拒余謂主人曰遠客來此大村終不得止接而去豈不爲閭村之羞
耶主人曰如許盛村豈無一處待客之家耶吾則有八十老父病勢
將危故不得許之余曰午後入此村而皆稱有故不許容接無可

可奈何今日已昏黑主雖毆逐寧被其辱決難往他請借空廳經過一宿主人聽言良久曰若然則事勢亦難吾雖有故豈終不許乎遂炊飯以供待之頃厚自言其姓名李好男余問曰龍媒萬戶在否對曰三月才到任而即今方住海州營下矣

○十八日癸卯晴晨起欲發則天有雨意不得已早飯後將行主人李好男者烹鷄來饋反致懇懃察其氣色則似知吾行之爲殊常也余辭而不食朝食後遂發行渡八惡浦少憩海州東登旨村秣馬差晩入海州客舍龍媒萬戶鄭榮漢青丹察訪吳挺奭海州牧使李埜至公狀來見監司李徵明來見夕後余入見監司而招致牧使與之話曰吾輩三人俱是同甲同榜邂逅於海上京爲人世間奇遇而年既大侵王事悤悤恨不得盈酒團欒也余及兩

李浿戊子生同庚癸丑司馬故云耳

○十九日甲辰晴仍留海州客舍以文書相考事不得發行昏後往見海牧

○二十日乙巳晴晨發到海州西黃串之村舍朝飯將往康翎欲從渡海浦而潮水方生故踰牛峴午抵康翎坊賓長里村秣馬夫人與村人等相語曰聞御史今明間當到客舍故昨日園頭汗來求蔬菜以為支供之用云云而京不知吾行之為御史也其中二人面有浮氣余問曰汝二人面部何浮對曰不食已累日故如是面浮耳余曰果入於飢民中耶對曰雖入成冊中官家所給之分無他可食之道何能免此患余瞻記其人姓名乃於入縣之日招致給粮若干二人者驚惶稱謝矣夕到康翎東閭有所村止宿

○二十一日丙午晴晨入康翎客舍取考文書後縣監金世衡呈
公狀未見午後越浦口入登山串遍歷山谷涉歷遍港幾八十
里始到萬戶所在鎮前臨大海與天無涯極目浩茫波濤
洶湧儘亦一壯觀也莽津村蕭條廨宇疲弊脫有緩急將何所
施我國設置防鎮如是疎漏良可歎慨也日暮後入東軒留宿
○二十二日丁未晴早起考檢文書後萬戶黃尚悃呈公狀未見
食後發行午憩康翎豆毛浦村舍秣馬夕還到康翎客舍縣
監金世衡未見
○二十三日戊申晴晨發路由浦邊迷失道入港口泥深不能行天
明後岸上有一人急呼曰斯速向東出來若稍西南行則陷前泥
中未及拔出之前早潮猝至必死矣遂如其言轉東登岸渡

陸路日旴後始到瓮津縣客舍縣令朴徵壽呈公狀來見乃陳夲縣多少獘端且言搜討之雖搜討者瓮津縣使諸海鎮者惟昌麟飛鴨兩島譏察黃唐船有無帖報于所江兵使也余問曰黃唐船或有往來之時耶有通引伏於前遂言曰黃唐船則無時來到以此兩島漁採甚好故中原之人無〃來向舟非歲小人縣人以搜討過往其處逢着黃唐船逐之則唐鞋數部及其他唐物棄置而去其中秋葉皮結簟而頗奇絶云矣蓋兩邑雖云我國地在大洋中異國之船常〃往來也午後發行抵海州西倉佛村止宿

○二十四日己酉陰晨發到海州西億逮伊村舍朝飯過金同院由山峽間行幾十餘里午後到長淵府客舍留宿是夕大雨一

陣如庄府使任元聖呈公狀來見書有面分仍与叙話任曰近來
若一望無雨田野頗憂旱乾今日御史適臨此而適會大雨可
謂御史也余曰如吾御史何敢當焉相笑而罷
○二十五日庚戌晴晨發作路深峽裡到松禾馬山坊烏峙村舍朝
飯午後入松禾縣客舍取考文書則縣監金灦多有不法
事民人等怨謗不盡故取印信兵符送于兼官封庫則日
已向晚矣將向豊川過舍人岩日色朦〻霧氣濛〻疾馳而
行未至豊川官府十餘里昏霧四塞不下咫尺尋一條路
垂〻前進到豊川城門夜幾二更矣直入客舍招呼下人則下人輩
聞御史來到鳥驚鼠竄無一人來現者觸冒海霧衣冠盡
濕午後療飢之後駈馳四十餘里飢困亦甚送驛子捉來

一吏趁後通引使令衙前輩稍來拜余曰此客舍非路
傍必不點火房埃𤍠雖此處經宿速定下處於安邑之處
吏對曰識然矣別星行次猝至則每於東軒經過矣遂往於東
軒留宿
○二十六日辛亥大霧雨爲其所見許以矣使朴之屛賬恒文
書乃留豊川外東軒府使李世剛呈公狀未見食後始
雨終日不開不得發行
○二十七日壬子晴晨發行十餘里路由山谷間張樹道邊乃
匿名書也到處多有此等事而皆以諺文此則楷寫真書
且有文理蓋列數豊川府使罪狀觀其語意必是吏輩所
爲也適會下馬放小便之時擧目視之則山腰岩石上有人立之

其間稍遠只[?]其人形不審其面貌之如何其人高声呼曰今聞
御史自官門出來云欲其見之也須勿裂破其意非不知吾行之為
御史而佯若不知故爲此言欲其令我詳覧也余謂驛子輩曰
此山甚峻峯後無可着足處汝輩四名前後追之可捕彼漢
余仍大声而謂其人曰有詳問事未可稍降岩下與之酬酢耶
驛子輩一時迅步登山則其人知我奋身踰山故終不能得日
旰後到殷栗客舍朝飯縣監韓宗運呈公狀來見午後
到長連客舍以其久廢出就私次止宿
○二十八日癸丑晴為其考見文書未能晨發縣監李行道呈公狀
來見食後發行午到安岳客舍亦以久廢出鄉社堂留宿
郡守李翊周呈公狀來見余謂李翊周曰此道人心甚不良

防塞行旅尤為甚海邑野郡無處不然而安岳一郡尤甚之尤甚上世淳古之時行旅不齎粮即今民心固不可責之以如此之俗至於齎粮之客亦不許止接其風俗之薄惡何如哉此等事為郡守者亦當下帖民間俾革此習也李對曰御史道潛行時如有逢辱之處則摘發治罪未為不可余笑曰吾別無大段逢辱而設或有逢辱之事以天子之尊微行之時尚遭柏谷之辱御史雖尊比諸天子不翅萬萬潛行時小小困辱之事何可一一報復乎如是則徒騷擾民間吾不為之耳

○二十九日甲寅陰晨發到文化客舍縣監魚震陟氏即吳姓五寸姊也呈公狀未見朝飯後余入(性)東軒其子進士魚史夏亦在座与語良久午後發行到信川客舍留宿郡守蔡題呈

公狀未見
○三十日乙卯晴晨發到載寧客舍朝飯郡守沈益昌呈公狀未見午後渡栄串之津夕到鳳山西糟山村人防塞甚艱難借宿初昏後始得夕飯
○五月初一日丙辰晴晨發到燕山鎮村朝飯後入兵使所在東軒則兵使宋永基方與人爲双陸之戲聞之驚惶跣身而走欲取考賑恤文書則下人輩皆逃避不現移時後稍稍來謁邊考見後發夕到黃州客舍兵使洪夏明來見判官洪受濟呈公狀未見
○初二日丁巳雨不得晨發兵使洪夏明又爲來見早朝雨稍止遂發行出黃州城門外則有女人泣訴於馬前曰小人之夫以

至冤被囚囚至累年頗 御史道察此曖昧之狀分揀放釋

云云驛馬招致本官刑吏問其曲折則果以殺獄事累次受

刑矣矣則既已區別將放而 啓下罪人之故不得任意才報

巡營監司狀聞後則自可蒙放矣即以此意分付女人行五

六里許風雨又作沿溼疾馳過洞仙嶺到鳳山客舍始朝飯

仍爲留宿郡守李行成呈公狀來見○魚史衡（京居族兄）及其庶從弟

史忠自西路來入見醫員朴星錫亦自西路來入見每到列邑

如黃州女人呼訴之事甚多不能盡記而大段緊切者入於別單書 啓中

○初三日戊午朝雨食後晴遂發行午憩劍水站村秣

馬路逢瓮州牧使李徽龜坐溪邊暫話夕到瑞興益

損堂留宿縣監李徽楫呈公狀來見到此縣雨路出

始發先文

○初四日己未晴早發到平山慈秀乃山站縣監柳星彩出來受
待呈公狀入見海西一道山川無明麗可觀處惟海州之許亭儀
山臨海地形蕭洒眼界曠闊可以登覽而慈秀乃山抑其次也山
勢壁立下有深潭且華使朱之蕃過此愛其慶山之勝留
題筆蹟塡紅宛然亦其古跡也余遂登眺徘徊足以忘鞍馬
之勞而緬懷皇華之往來不能無感古傷今之意也午後到平山
客舍留宿金郊察訪金秙呈公狀來見

○初五日庚申陰早發到金川客舍朝飯以其所考白川文書
待其下人之來故仍為留宿郡守李守長呈公狀來見仍言
京居朴希慶者曾為禮書書吏因事罷除今者詐稱 御

吏道信吏自坡州長湍來駐而來橫行平山白川等邑到處籍勢徵索粮饌酒肉至松都情跡敗露被捉於此郡報使既已送營云云(在海營受刑自上京獄被訊后因放得釋可痛)家奴李尚持書封自京下來始得家中平安消息金川寓居戚姪李漢楷及閔挺提朴台亨來見

○初六日辛酉雨早發到松都吏人經歷尹弘爲來見午後到長湍客舍府使南令公既已罷歸矣戚人李璟及其姪來見昏後到坡州入東軒與牧使李湜同宿

○初七日壬戌雨食後發行午憩高陽郡客舍夕抵漢江村舍仍留修書 啓舍弟來宿

○初八日癸亥雨仍留江上朴萬葼來見

○初九日甲子晴仍留江上李正言順曉來見
○初十日乙丑晴仍留江上甥姪洪禹成來見
○十一日丙寅雨書啓元單子及別單兩件畢修正
○十二日丁卯雨食後詣 闕復 命以御史發行後除授
軍資監正故仍爲謝 恩

白於三月初七日祇受封書本月初九日始入道内抽柱十二邑良
中或出入村間或往来邑底以封書中各条逐節訪問及
覆廉察為白乎矣愚民所言毁謷難准是白乎等以必待衆
口相符然後始為採取是白遣遑將段置謹依 聖教所
經傍近處亦為廉問以 啓為白乎旀它餘色弊民瘼段置
隨所見聞並為別單以 啓為白齊
延安府使李觀周段練於吏事来下甚嚴前秋捧糴不
煩刑杖聚穀之際既無怨言是白遣賑政一款亦且無欠官給
乾粮之外曉諭各坊稍實人等分出贏餘使之相救是白乎矣
亦不令强迫費勒故民甚便之是白乎旀延營所納雇軍木七同
四十七疋不責民間盡自官備是白乎旀凡諸施為之間未[illegible]

沾〻之旨是白乎等以雖無赫〻之稱蔑不及民政亦無疵而是
有欲適之計故民多惜去之意是白齊
谷山府使崔樸段爲人勤幹事多修擧在官已久別無
段疵政是白乎旀去秋私大同収捧時爲慮民窮例捧粮食
價米二斗太二斗式每八結盡爲減給官自推移以用是白
遣今春賑政亦不至慢忽是白乎矣但本府南五坊良中除
役捧雖以爲官用之地而上年冬稱以進封應捧之外合三
戶又捧一首是白乎旀本府本以峽邑元無產綿之處而唯北
面温舍音坊或有種植之處是白如乎除其柴木代捧木花是
白乎矣柴木一子乃木花三斤式収捧爲白乎所本坊結數二十三
矣而一矣例納柴木二十子乃是白乎等以以此計之則所捧木花之

數多至一千三百餘斤是白乎旀本府以産清之地每八結清
八升式旣已收捧是白遣又於各坊各里良中置簿鋒筒白清
三升黃清二升式收納爲白卧乎所上項數件事雖曰流來之規
當此大無之歲所當斟酌省以紓民困是白去乙因循謬例有
此重歛民怨之來在所難免是白齊
白川郡守李東亨段到任之初頗有能聲是白如乎去秋聚
穀時抄出本郡十六坊富民三百餘人椎牛設酒列坐中階親
自執杯遍飮數巡後使之書納各穀而以多爲準十未滿一石者則
呵退不捧是白乎旀又備別床十數而言曰欲當與此者吾當對坐
使之上堂爲杯相屬有若平交是白遣又令加納倍其穀數[illegible]爲旀
乎亦身爲一邑之宰而與常漢並坐押歡實爲駭亂叱分不喻

數勒捧之際民怨不貲是白乎旀又於富民亦處勒給錢文使富
穀是白乎矣場市所貿之穀來納官家之際欠縮之數自多是白乎亦
以富民輩皆自充數以納是白乎旀即令耕種之時民無種子而官家
則不爲分給是白遣又令富民私相分給是白乎矣如有違令者別[illegible]
處置是如爲白卧乎所雖曰富民射初既多捧米租是白遣中又勒定之
貿穀而末乃令分種子貸之以威是白乎亦以三次受侵怨謗朋興是白乎
旀稱以牛禁是如捉致各坊白丁諸同屠殺處施以重杖白丁輩㤼於
威令或對以年久之事以爲充案之地是白乎乙不問虛實皆捧贖錢十兩
十六坊所捧之數殆至於一百餘兩之多禁斷民間如是嚴截亦官家用
內依爲狼籍是白遣還上分給甚不着實一洞里所給者壯一名則一斗一升三
合四夕而老弱則七升三合是白乎矣租稷年雜穀合以升合完式以給是

白活等以無以繼食民皆稱冤是白乎旀此則受去之際臣所目見是乎白乎旀白給乾糧亦甚不均鰥寡孤獨廢疾之類多漏不錄鄕所兩班之稍有權力於一鄕者雖是富戶擧皆入參而至於前縣令聖重都事閔震元家奴婢多如受食是白乎旀前座首奉廷璜元非貧乏之者是白去乙奴婢近十口亦爲入錄是如民多疾冤是白去如才臣於四月旬後到本郡西花山村有一老盲女飢餓將死是白去乙問其緣由則元居本郡而無夫無子乙仍于不入於戶籍故以其漏籍是如不給乾糧是白乎旀累度白活終不許給是如爲白去乙向其如此之類則不特一二處是如爲白如乎及其入郡之後披見文書則他官流丐別爲成冊而若其本土廢疾之類則諉以漏籍不入乾粮爲白有矣媚悅豪右之民要得善賑之名是白乎等以民今

鄕品輩倡議立碑受食乾粮人處遂名收錢於官受粮之時是

白乎所救死不贍之類無路辨出怨苦之多是白乎旀凡干收捧之際不

無高重之弊而今番稅租捧上時尤爲太甚畢捧之後改量則元數

八百八十三石零外剩餘五十三石零是白乎所當此民間赤立之時濫捧

之穀至於此多是白遣上項生贖錢及剩餘租向其去處則或稱移

送賑廳或稱移送工房是白乎矣俱無明白文書是白乎旀官廳

穀物如有贏餘則邑底人民等及官屬輩或以改色受食是白是

通行之規而今此文書拔出時有官廳米太逐上分給冊是白去乎向

其曲折則與國穀一體分給爲乎旀可待秋耗並收捧計料是如乎色吏

曾世昌明白納招是白乎旀米太累十石及藁草三百同載去是齊

民皆傳說是白乎旀及其文書拔出時見海倉出庫冊則二月

初六日白米四石移送官廳以成汗次知是如爲白遣三月初七日白
米二十五石太二石租六石移送官廳以成汗次知是如爲白遣三月二
十三日白米伍石太二石租六石移送官廳成就良受是如爲白去乙招
問色吏鄭儀仁則曰官主貸下載送㊥京中是如介、納捧是白字
旀成汗段以及昆以前後次知白米二十九石太二石租六石藁草十二
百同乙果爲載送京中是如明白納捧是白乎旀成就良段置以
事上京時白米五石太二石租四石乙載送京中的實是如納段
是白乎旀戶長劉後澤招內蓋草次叱藁二百同乙果爲載去
是如納段是白乎旀此外各倉穀物私自移用處亦多是白乎等以
各項文書五度並以封 進爲白齊
載寧郡守沈益昌段到任以後銳意爲治束下甚嚴吏

畏民安是白遣魚箭長木収布為本郡流來之謬規其弊
不貲是白去乙即為革罷是白乎旀且當上年極無一應官家
所納之物多所减省以紓民困是白乎旀賑飢之政亦無大段
錯誤之事是白乎矣但今番海倉還穀分給時民人等所給
則只唐稷而已諸宮家京中士夫守庄人等處則出給正租
四十餘石故滿庭飢民持槖落莫怨讟之言由此而起是白遣
且爪期已滿不無終怠凡干政事多所弛廢是如為白齊
安岳郡守李翊周段到任以後盡心奉職政令之間吏民
俱便是白遣海産坊収捧之物一歲一次之外別無加徵之事
是白乎旀站上夫刷馬段置給價以立不責民間工匠役使亦
不煩穀上年閙市木五同十六疋乙自備以送是白遣賑政一款

乙無疎略是白乎旀種子分給陪置或以結數或以戶口無漏落之弊有均一之施是如爲白乎旀當此民間赤立之時田稅小米四百八十八石零乙盡自官備不煩於民是白乎等以四境之內頌聲藉藉是白乎矣但公衙不嚴奴僕任意出入威猛有欠官吏寅緣弄奸是如爲白齊

信川郡守蔡邇陟爲人慈詳練於吏事刑杖不濫聽斷無滯當此飢歲銳意救民年例所納之穀乙擧皆減捧此分不喩田稅田米二百五十六石零內一百三十石乙官備以補是白遣私備賑穀其數甚多乙仍于民蒙其惠是如一境之內言閭隆洽是白乎矣但聚穀之時抄出各坊富民勒捧各穀多者或至於數十石而小不下一二石是如爲白臥乎所此所

謂割肉而充腹是白遣且稱以官貢所着毛衣次黃獷皮價是等收
聚錢文五十餘兩於官軍官處而出給十餘兩於商人買納羊
裘為白卧乎所黃獷皮價捧錢雖曰流來之規既是謬例則
所當革罷是白去乙況此大無之年五十餘兩錢文乙徵捧於飢
餓之軍官者率[illegible]無據是白齊
新溪縣令沈棲陵到任以後無一可稱聽理之際不知所為
雖應行之事不能自斷憑諸下吏之口只事唯唯是白乎旀
本縣案付禁衛保二百三十三名既自朝家減其收布是白乎
等以每名良中錢文一兩一戔三分五里式支定為白有去乙以一
兩三戔四分加數收捧是白乎等以計其上納之外餘數合為七
十三兩零是白遣營納棍柄木弓槊木高佐木合二百五十餘條

價例給田米二十石春秋兩等合為四十石是白去乙磨鍊民
結所捧價米至於七十餘石乎白所當此穀貴之時數外
加徵如是之多是如民多稱怨是白置禁衛保餘錢及弓
槊木餘米其數不少而未知用於何處是白乎旀還上分給則
自春至今纔給四巡是如民皆呼怨是白去乙問其委折則皆
言餉倉還上乙盡為移用於乾粮故倉庫已空實無可給
之穀是如為白在如中及其捜出文書之時考見餉倉各穀
留在數則上年所捧都合一千三百二石零而四巡分給後留
在數七百四十九石零是如文書懸錄為白有矣封庫之時點閱
實數則只三十九石零是白去乙問其緣由則色吏裵元昌言
内田米一百三十石稷三百九十石太一百石豆七十五石移送

賑厅是白遣米伍十四石移送官厅是如乎、納招叱分不喩挪移文
書段置亦只現納是白乎旀裵鳳雲稱名人段松都富商而趙重蘭
稱名亦則奸猾常漢是白去乙以重蘭為賑恤監官多有見賣是乎
遣鳳雲段結為私人出入處中賑厅錢穀多數出給與之年利鄙[illegible]
頉之說不啻狼藉是白乎等以盤問該吏鄭斗千則言內以為今正
月分稱以明年淸蜜預受價是如米太並四十石果為出給於裵鳳
雲處是白遣其後自官厅田米累石乙亦為出給於鳳雲處使之
換紬貿錢是白去乙矣身果為目覩是如乎白納招是白乎旀去年
月間稱以進封是如出定色吏裵仁光通一境勿論大小給復雜
頃而每一戶粟伍升式收捧是白乎等以本縣戶數參千參百
八十戶所捧之數至於一千六百九十餘斗是如人多呼冤是白

去乙及其入縣之後裵仁先段稱以逃去不爲現身是白去乙推問吏
房閔宗得則以爲果有是乙事是如介、納招是白乎旀取見今
年行用八結都案則元田一千一百九十一結一負五束內給災田四百
九十七結十八負六束是白齊諸般復戶人吏田參百四十三結九十負
外又有償田藿魚結等名目是白如乎藿魚結段儻曰道臣行關
罷是白齊償田段流來旧䂓是如爲白去乙憑考營上田案則戶曹所
報一千八結十七負五束是白齊除給災及本縣流來權復外私
用復結又是一百八十二結八十四負是白去乙招問色吏禹宗烈則果
爲的實是如明白納招是白乎旀此外各倉穀物乙私自移用處
亦多是白乎旀此各項文書四度並以封　進爲白齊
康翎縣監金世衡段初頭爲政頗有可稱是白乎旀賑救之際

亦且不急是白乎矣但今春良中稱以衙祿米每四結錢文十兩式
收捧爲白臥乎所本縣田結一百七十餘結通計其數亦甚不少
嘵不喩當此民間赤立之時田稅段置皆已停捧則此雜流未
應捧之物所當斟酌裁減而不恤民窮一向督捧是如怨望
孔棘是白乎旀且五年居官手段甚練凡於料理之事多所㨿
指是白乎等以之不無鄙瑣之謗是白齊
長連縣監李行道段到任以後別無異端是白乎旀政無苛
刻刑不濫枉是白遣值此無前凶歲一意救民賑政一款亦無大
段錯誤處是白乎矣但前秋聚穀時抄出富民勒捧穀物而虐
實相混至有呈訴紛紜之擧是如爲白臥所乎其所以賑民之政
未免爲擾民之歸是白乎旀其他政令之間亦多有疎拙之事不能

振作回循旧套是白乎矣既無科外侵虐之事是白乎等以別無大段
怨咎之端是白齊
松禾縣監金灉段到任以後無一善狀臨事茫然不知頭緖凡諸
政令之間一從鄕所之言是白乎旀數張所志沉吟半餉不能明題民
有訟卞者不卞曲直一切揮却而至於刑杖則不分是非必以數多爲
限是白乎等以或以輕罪而幾至殞命者亦多是白遣其他不治之事不
一而足此分不喩本縣八坊內四坊段稱以補賑是如每四結除其柴木
而代捧豆太其數多至於一百三十餘石是白乎所雖曰前例當此
穀貴之時不恤民窮鞭扑督捧是如民皆呼怨是白乎旀所謂
白給之穀混置於倉穀中出入分給不分彼此各倉還穀任意取
用小小帖下處甚多是白乎旀白給乾粮段依他例分給是白乎

矣至於還上分給段初則計口而末乃計戶分以合斜甚不著實
是白乎旀各坊良中抄出稍富人別爲成冊不給還穀是白乎矣家
有一駒一犢則輒稱有實而不爲分給是白乎等以不無些怨之弊是
白乎旀種子段二月間一番分給之後至今不給是如民怨亦多是
白乎旀山倉軍餉穀數十石稱以分給民間而終不分給是白遣移用官
廳是亦民皆稱冤是白去乙入縣之後盤問其事則山倉色吏尹孝一
官廳色吏河起善言內山倉還上大米十八石十四斗零樂爲移
用官廳而分給民間樣以作爲文書是亦介、納招是白卧乎所
挪移倉穀欲爲掩跡之状尤極無據是白乎旀屠牛禁令不啻明
白而不有國法用內狼藉是白遣貿錢持去之說藉藉民間是白齊
亦中及其文書搜出時有錢文用下冊是白去乙除其兩巡祭物外

通計前後用錢之數則至於一百二兩零是白乎所官廳色吏河起
善招內皆是官主私用是如明白納段是白乎等以各項文書三度並以封
進爲白齊
殷栗縣監韓宗運段累年居官別無弊政是白乎矣上年賑穀
時校生中初入鄕案者則捧錢七十兩而所謂閒先生入案之類
則五十兩是白遣其他平民之願屬校生者則許捧十餘兩是乎
白乎所創開新例捧仍許多錢兩其間不無人言是它乎旀乾
粮分給時量以外斗遞名計給是白良沙庶有均平之患是旀
去乙不此之爲都合名數出給全不使之私自分去是白乎等以當食
一斗若僅得七八升是如民多呼冤是白去乎大抵賑穀之道雖
勤而自多疎漏救民之意雖切而終無實效若蓋由於爲治者

弱制下不猛之致是如為白齊
文化縣令魚震陟段到任以後別無疵政去秋聚穀亦無懲
言是白遣一意救民賑事不錄給粮之外救荒諸方多般敎
諭是白乎旀柔善為務刑杖不濫民有來訴者則分釋是非
反覆曉解是白乎等以民甚便之是白乎矣但失之太寬吏下
不嚴鄉所官吏輩或不無從中用事之弊是如為白齊
監司李徵明段自奉旣約騶從亦減是白乎旀凡於賑民施
措之間甚得一道之民云云是白齊
所江僉使李溶段累年居職無他善狀是白乎旀為見貯妓馳
進監營者一月之間至於數次是白乎等以所經各邑貽弊甚多
叱分不喩該驛人馬不勝其苦是白遣至於海州段二處出站乙仍于

官人輩常在村間以此民怨頗多是白齊
蒜山僉使宋永基段去秋稱以補賑抄出鎭內稍實人勒捧
穀一石而被抄之人給賂色吏者輒皆拔去是白遣無錢者侵
責不已至因次知是白乎等以或有逃散怨讟藉藉是白乎旀且
給錢士卒等貿得各穀其數不少是白乎矣至於飢民分賑之
時則以若干皮穀塞責是白乎旀今當遞歸之期刷馬價替
徵於飢餓之士卒是白乎等以不堪其苦怨咨頗多是白齊
許沙僉使朴之屛段別無侵虐士卒之事是白乎矣但當此賑飢
之時分給不均是如民或有稱冤之端是白齊
文城僉使丁達道東里僉使金孝興段到任屬耳姑無毁譽
是白齊

光山萬户柳尚萬段撫恤士卒既無侵虐之事賑救飢民且無
流亡之患是如鎭內所屬之人莫不稱乙云是白齊
文山萬户安必徽段別無侵虐士卒之事是白乎矣各鎭加耕
収稅例於一日耕捧田米一斗五升是白去乙此鎭耳亦捧田米
一斗太一斗爲白卧乎所若論其價則無甚懸殊而如上年豆太
失稔時段似當有斟酌之道是白去乙一向替捧是如民有呼冤
之端是白齊
新塘萬户李雄俊段侵虐士卒徵斂無藝軍官等處稱以
除番每名良中勒捧好紬一疋黃狗皮一令真荏一斗是白乎旀士
卒等處出給荒租一石使之舂精準納白米六斗是白乎等以上
年段穀皆不實乙仍于民卒革備納充數之際怨言甚多是白

乎旀訓局貿紬段皮穀二石白紬一疋式定視是白去乙支定之外憑
籍加捧爲白乎旀屯穀分給時段置受賂多給而至於飢戎則
外〻合〻塞責以給是如民怨特甚是白齊
登山萬户黃尚潤段別無侵虐軍民之事是白乎矣但賑救時
土卒段雖小〻分給猶或受食而鎮下募入民人等則不爲一
体分給是如不無呼怨之端是白齊
龍媒萬户鄭榮漢段到任属耳姑無毁譽是白齊
兵使洪夏明段到任以後自奉不豊撫恤軍卒減數立番是白[illegible]
乎矣至於騶從一款段年凶停罷姑無可論是白齊

別單

臣周行一道目見道路流丐顛連之狀老弱扶携男女先後成群

作隊繼屬不絶是白在如中或母子相失而啼於路中野或已作鬼形
而喘〻然將盡是白乎旀朝〻夕店舍飮食之際乞人等老少雲集
願得一匙之飯四面而至噢咻涕泣百般乞憐慘不忍見食不下
咽是白乎旀若得數匙餘飯則兄弟相爭夫婦不讓廉恥都
喪人理滅絶是白遣至於流丐强悍者乞諸人而不得則反爲嬿
怨濟火其廬是白乎所以土着之民尤難支當是白乎旀牛馬偷竊
之類不知其數而往〻有明火作賊之黨是白乎等以行旅不得早發
是白乎旀出入村閭之時自外面見之則屋宇藩墻似是不貧之居是
白乎矣入而觀之無一處炊飯之家是白遣即今正當農作之節
而種子絶乏糧食匱竭廢農者居半是白遣採蔬之人蔽山
蔽野糠屑稷糝雜以蔬菜以此充腸是白乎所以雖安土在家

之民面皆有浮氣人無樂生之心而田野蕭條村落空虛有同
難亂氣像慘然是白乎旀每於休憩止宿之處招集村人問以上
年糴事之失稔即今生理之如何則皆言吾等幸蒙朝家之矜
恤諸般徭役太半蠲減是白乎旀所以得至今日幸活性命苟不如是
何以保存乎感祝　聖德萬萬罔極爲白齊
一列邑賑救之政同一規例而壯一名一旬四升老弱三升式磨鍊分
給一月三巡是白乎矣其中雖不無優劣之可言不過有分數差
等是白乎旀以白給乾糧爲最重以還穀分給爲歇後者亦是列
邑之通患而其間尤甚者則至以還穀移用於白給中是白乎旀
種子段置亦不連續分給則自爲白臥乎所大抵白給則畢賑後
有　所聞之事還上分給則自是年例之事是白在如中近來設

賑之時称以別備善賑至於加資蒙賞者比〻有之是白乎所其所謂別備之穀豈是天降地出神運鬼輸者哉多般立名皆徵於其地之民而反以為能或至於過蒙褒賞之典是白乎扎以列邑之用力於白給而致忽於還分者蓋由於此是白齊

一本道飢民之保存性命者實賴 朝家賑救之恩而但即今兩麥不實秋成尚遠若於撤賑之後若干種麥者猶可苟活而至於流丐之流實無仰哺之道是白乎旀麥盡之後早穀之前官糶已罄糊口無策則雖是有土之民將有靡遺之患而從前賑活之功終為一簣之虧豈不大可哀憫乎白置本道列邑皆有私大同是白遣雖無大同之邑亦有勅需廳而為其不時之需各有錢穀之儲宜令道臣分付列邑量宜出給以賑麥後窮民俾示 朝家

終始之患是白齊

一本道連歲災荒之餘又值上年大無八路之中似是最甚而峽中朝東暮西之民海邊漁採為業之類盡為流散十室九空是白遣即今保存者有若干田土之人幸賴 朝家軫恤之德忍飢作農是白乎矣目今兩麥又無豊登之漸是白遣山峽黍粟段立苗頗勝於上年是如為白乎矣至於平原田畓旱乾為災太半不種是白遣雖有落種處不善立苗是白置前頭秋事之豊歉姑未可預料而設使今秋大熟是白良置朝家必待之以荒歲諸般徭役斟酌減捧可以活餘存之民是白乎旀至於甕津縣段以尤甚被災之邑待秋徵捧次諸處移轉及本縣田三稅各邑軍布其數甚多而來秋收捧之際民難支堪是白置別為變通事令 廟堂稟處是

白齊

一本道列邑只有私大同而其所收捧於民間者不一其規此乃不啻
勅使時則又有別損所捧貪官汚吏憑公營私取之無節民
不堪命是白置大槩大同之規必先正田制然後可以磨鍊是白
乎矣當此連歲凶荒之餘田政猝不可行則大同一款亦難變通
是白乎乃若依壯道詳定法因其旧例斟酌損益取民有一定之
規翔末有報營之事毋使列邑作爲私橐任意取用則似或
得宜是白齊

一本道各邑軍役最重是白乎亦以民以此不堪而其中日守館軍
乃驛卒保人也雖有給復之規如當使喚重疊之時則一年
所捧多至於錢文三十四十兩云天下豈有 如此身役是白乎旀

監兵營鎭軍段一年三當番是如爲白去乎正木三疋式收
捧是白乎矣當初則木品平常是白如可漸漸點退今至
極好而監營所捧則稍下是白遣兵營則以八升木四十五尺
爲準收捧是白乎所以鎭軍等不勝其苦在在稱愬爲白卧乎
所日守館軍段分付各驛善爲變通是白遣鎭軍段分付兩
營推移番次一年二巡則其所收布亦不至三是白乎旀升尺段
置依當初例捧亦令減殺似合於便民之道是白齊
一各邑軍兵中水軍之役最爲偏重一年兩度習操往來之際動
經數月全廢農事是白去乙二疋收布之外又有大陸物收納之規
是白乎乙今此本道各浦水軍段身役既如是偏苦而此外監營
則山城部將兵營則假軍官充定又爲收布一疋是如爲白乎旀

各官則亦前使令差役是如爲白臥乎所被侵最若不能支
堪是白置宜令廟堂分付兩營及列邑此後各浦水軍充定
後他役侵責者一切禁斷似合於軫恤軍卒之道是白齊
一本道各邑軍額甚多民不支堪爲去乎白骨徵布隣族收布之際
怨望孔棘而列邑則實無變通之道是白在果閑丁搜得其勢亦
難是白乎所大抵諸宮家折受處及各衙門設屯處募入之民則
爲守令者不敢下手是白遣且監兵營羅將軍牢及中軍軍牢皆
有保人而此是歇後是白乎等以凡諸良民投入其中莫敢侵犯乙白
去年曾前近故及今年飢饉時死亡流散者又未知幾何則前後
軍額之闕其數必多守令其何能盡補其闕哉此誠今日之大弊救
其所以變通之道則宜莫如許罷諸處設屯募入之民是白乎矣若

盡罷其募民則亦有窒礙難行之患是白置凡諸屯卒亦令定數而
數外之民則許令各其官充定闕額是白乎旀兩營雁將軍牢保人
中軍、牢保人役盡為革罷使其所在官充定相當之役則官有代
定之道軍無闕額之患而白骨隣族侵徵之弊亦庶幾少革是白齊

一所已新塘等鎮新設於深峡之中而土卒輩皆貧殘不成貌樣是白
在如中訓局每歲貿紬一同或二同為白乎矣皮穀二石佃一疋式支
定貿納是白乎等以穀貴之時則或當其直而穀賤綿貴則土卒
輩私自充債是白乎旀僉萬户輩憑此年利或以二石勒捧三四
疋是白乎旀貿紬上納時稱以人情紬一疋例捧錢文五戔是白乎
等以一同則二十五兩二同則五十兩而訓局書吏門直庫直郎
廳下人輩例為受食是如為白卧乎所貿紬一款既涉無名而[illegible]

邊將輩之憑藉濫捧人情債之至於此多〻者尤極可駭是白置宜令
廟堂分付訓局永罷買紬之規以除各鎮之痼弊爲白齊
一本道列邑官軍官除番木極爲無據而其中無身役軍官則雖納
布猶或可也至於有身役者亦爲置簿於官軍官案而每一人一
疋式依數納布是白乎等以渠等以其疊役是如在〻稱冤是白遣至
於校生段置應爲入講之外多數置簿稱以除講木每年二疋式收
捧爲白臥乎所旣曰校生則所當入叅於考講之中是白去乙額外添數
輒收無名之布以爲守令私橐之用尤爲可駭是白置此後乙良有。
役軍官處收布者及校生除講木收納事宜令一切革罷是白齊
一谷山遂安新溪三邑坊鷹一款最爲民弊是白乎所自監兵營例
捧鷹連而一邑良中監營則二座兵營則一座是白去乙爲其官吏者

回此多占一坊例責一座是白遣又或有加捧之時是白乎等以三邑雜
是峽邑亦兎鷹鷂連難得之坊而若其未納之坊則例以米三四石
代捧是白去乎如上年山歉之時則其弊尤甚是如民多呼怨爲白
臥乎所監兵營之捧鷹鷂各邑旣是謀例則宜自 廟堂分付革罷
以除窮民一分之弊而他餘沿海各邑設置使之一体勿捧爲白齊
一谷山遂安新溪三邑僻在深峽之中去營門稍遠是白乎等以雜或
有守令不法之事難以糾察是白乎旀況新設五鎭碁置於其間而
僉使萬户例以中庶輩爲之一生所希望者欲得一遷將以爲利
己之計是白遣奉公盡職之人十無一二是白如乎名節廉恥固不可
責之於此輩而旣無畏憚之心有若同浴者然〻（競相效郝恬不知愧）是白乎等以無名收捧
科外徵歛者不一其端是白乎旀三邑設置種〻弊端小〻民瘼多

有可革之道而因仍苟且以至於今是白乎等以民人等亦願得名
官爲宰爲白臥乎所其意有在是白置曾前遂安新溪則或差
文官而率皆遐方孤寒之人無異武臣是白置至於谷山則兼營
將討捕使是如三十年來連作武窠而此則亦有所不然者京畿之
南陽本道之平山亦是兼營將討捕使而間差文臣是白去等谷山
耳亦何獨不然哉此後乙良三邑守令以出入臺侍者間間差遣以爲
彈壓事乙宜令 廟堂禀處爲白齊
一新設白峙文城善績蒜山東里文山先山慈嶺位羅所已新塘十
一鎭當初設置盖欲輔車相依以爲不虞之備是白乎矣臣或入其
設鎭之處以觀形勢或聞其利害之端以察民情則其置設處皆
在深僻之中而至於蒜山尤非關防設險之所些少不踰自設諸鎭之後

鎮將所在處各邑設置其數不貲民役繁重是白遣所謂邊將

革不務鍊習唯事侵虐是白乎等以雖平常無事之時軍卒革怨

若無窮擧懷離散之心是白去等設或當緩急之際其何望蹈

赴湯火能盡捍禦之效乎且其所設之處道路稍左而至於白峙

光山相距一百十里呼吸之間難以統合必不踰即今民情皆願

革罷爲白卧乎所其不可得力於臨亂之日灼然可知是白乎旀　祖宗朝

以來未嘗設置者豈其慮畫有疎漏而然哉蓋其意有在也今者創

置許多邊將以爲中庶輩肥己之資而無一毫利益國家之事

是白置今計宜莫若革罷諸鎮而其軍卒則皆屬於各其官使之

春秋組練緩其身役時平而無所侵擾事急而各有防守則其與前

日之恒懷怨懟終無效死之心論其利害不啻相百是白去乎事係關

防不宜輕論而觀其形使諭其民情不得不有此附陳是白齊

一 祘山鎭棘城一款尤爲民弊沙石之地棘木不茂每當摘奸民不堪苦此分不喩當初設鎭時爲慮其難以成樣姑爲劃給黃州二百結鳳山二百結使之取用而年久成樣之後則即宜還給是白去乙今者設鎭已久其所收捧於鎭民者足以自給而黃鳳田結猶不還給是白遣至於鳳山段近作弊邑一境之內又有東里鎭而其他諸宮家折受處各衙門屯田募入之民其數甚多是白乎矣凡諸官役一不干涉閑丁之避役者頑民之違令者作爲淵藪是白乎於以本郡不得下手寔爲一邑之巨弊是白乎旀且屯別將輩皆是無識之類而作弊屯民罔有紀極是白乎事自今以後祘山不屬黃鳳田結使之盡歸本邑是白遣諸宮家折受處及各衙門設屯處募入民人段量定給其數無至過多而各

官屯田所在處段亦依京折例勿爲差送別將使之其本官收稅上
送以除一分之數事乙宣令廟堂參處是白齊
一長淵環海爲邑壤地偏小而其十一坊內守禦捴戎御營禁衛訓
局監營兵營七處設屯是白遣諸宮家折受又十三處是白乎旀白
翎僉使吾叉浦萬戶豊川監牧官皆在本府地是白如乎各衙門設
屯諸宮家折受處皆有募入之民是白乎等以本府民戶六千四百餘
戶是白乎矣本府應役之民不能過半是如爲白乎旀薪串長山串
兩處段皆是船材木守護處而 累朝以來禁護事目不啻嚴明而
近來 國綱解弛禁令不行薪串段兵營及御營廳吹鐵是白乎旀以
將爲薪山是白遣長山串段京各司及本道上司任意來斫是如爲
白臥乎旀近日設屯折受爲一巨弊外方列邑將不支堪而今此長淵最爲

特甚凋殘莫保作一弊邑是白去乎本府設屯及於受處乙良勿論
限特為變通以為保存之地是白乎旀至於兩事舡村處乙良別樣嚴
禁事乙并令　廟堂稟處為白齊
一安岳南面可尙注尙兩處堤堰其來已久而其下民畓數百餘石落只
皆蒙其兩堰之水利是白乎等以居民之數亦至於數百餘戶是白乎旀
壬寅年分各道各邑等堰處冒耕者往往有之民不得蒙利是如　朝
家別遣堤堰郎廳摘奸打量使之禁斷而宮家設屯作畓之
議非止一再是白乎矣輒因本官之論報終不得施此分不喩曽前户曹題
辭以為可尙注尙兩處明白懸錄則其非陳荒之地可知不可折給於
賜牌是如為白乎於以其下居民等無弊耕食是白如乎今者金貴
人房於受設屯是如今年為始起耕其處是白乎[illegible]民人等不得蒙

其水利擧將雜散是如乎百爲群擁路呈訴爲白卧乎所旣非無
主陳荒之處自是居民蒙利之地則宮家決不宜起耕是白乎旀設
令此地果爲陳荒是白良置民人數百餘戶蒙此水利者至已百有
餘年之久則民人等稱寃理勢固然而許多民人矣皆失業將至流散
極爲可矜是白去乎此必該宮不知如許曲折而有此設屯之擧是白置
宜令道臣取考該書題辭明覈 啓聞以爲革罷其設屯還屬民
人等事乙令 廟堂稟處爲白齊
一長連以十室殘邑凋弊莫甚叱分不喩田結之數至少而諸般復戶甚
多是白在如中他官驛卒復戶或有移來者是如爲白乎旀至於人
吏官奴婢段新旧官往来之際其所責應之役視他百倍不得支堪
是白乎等以當前亦有 上言之事而只緣鄕論之强盛爲官負者不能

變通回循至今是如爲白置他官驛復戶啟移送所官在是白遣人吏官奴婢苦重之役乙良宜令本縣從長変通事分付道臣以爲殘縣支保之地爲白齊

一 金郊一驛處於孔道比之青丹棋麟爲役偏苦以分不踰 近年以來人物流亡驛馬零星比古什一而其所應役十倍於前是白遣曾前則自巡營以雇税木給價立馬是白如乎戊午年分有一郵官欲爲衙能始創自立之規驛卒等處責徵其價是白乎等以驛卒輩不能支當相繼逃散而餘存之人凋殘莫甚實爲今日之痼弊置郵傳命之地將不免廢絶之患是白置自今以後依前規自營門給價立馬事分付道臣是白齊

丙子三月初七日發行 五月十二日復 命

云云觀此黃海道暗行御史朴某別單書啓則目見沿路飢饉顛連之慘
種粮匱竭廢農之狀備細條陳是白乎矣此則別無覆啓稟行之事是
白在果列邑賑政以白給乾粮爲最重以還穀分給爲影後而其間尤甚者則
至以還穀移用白給中是如爲白有臥乎所列邑事力各自不同或有別備數少
飢民數多之處則其勢不得不移用還穀是白乎矣其中若有希望賞典濫發還
用虛張之數則不可不隨現重究是白在乎令本道詳察各邑文書明白區別啓聞
以爲憑考稟處之地爲白乎旀即今兩麥不稔秋成尚遠麥盡之後早穀之前則官粟
已罄糊口無策本道列邑皆有私大同雖無大同之邑亦有勅需斤而爲其不時之需
皆有錢穀之儲宜令道臣分付列邑量宜分給俾亦朝家終始之惠是如爲白有臥乎所麥粮
已盡早穀未熟之間民間切悶雖在常年每有此患是白如乎況如今歲大饑之餘年麥
之未稔又如此孑遺窮民必不能支保秋前是白去乎大同勅需之物皆爲不時之備雖

不可傾儲賑貸是白乎乃計其遺在斜酌分給則秋成不遠似當不久還充是白在乎分付本
道使之依此釆行爲白乎於目今兩麥無豊登之望是白遣前頭秋事之豊歉姑未可預料而
設令今秋大熟是白良置朝家必待之以荒歲諸般徭役斜酌減捧可以活餘存之民是白乎於
瓮津縣段以尤甚被災之邑諸處移轉及本縣田三稅各色軍布甚數其多來秋收捧之際民難
支堪宜令廟堂別爲稟處是如爲白有卧乎所諸般徭役年以減捧之數極其顆然秋前收捧之難非
保黃海一路爲然其他諸道莫不皆然是白乎矣即今賑政未畢秋成尙遠不可預料指揮徐觀
秋後收其豊凶宜當是白乎於本道列邑大同 收捧不一其規叱分不喻勅使時則又有別樣所捧貢
官污吏憑公營私取之無節若依此道詳定法 其日例斟酌損益取民有一定之規朔末有報營
之規事毋使列邑作爲私橐似或得宜是如爲白乎卧乎所俾役之道唯在於正其經界是白去乙西路田
制久已蕩然貧官污吏之憑公營私虐民肥己難保其必無是白在如中量田之法雖不可猝行若依各
邑已行之例作爲詳定之規則似不無導府節省之益是白在乎試令監司酌量便否啓聞稟處爲白

乎於云云曰守館軍之一年捧錢至於三四十兩之多遐方窮民之困於重歛至於如此誠可矜憐是
白乎矣本驛之不能変通亦必有不得已之勢是白去乎令道卞監司詳査捧用之處且思変通之道
具由啓稟爲白乎矣兩營鎭軍番次疎數惟在道臣及帥臣裁量濶狹是白去乎使之分爲兩番減其
一疋之布且令降其升尺以除一分民怨且當依此永行後啓聞之意幷以分付爲白乎於云云水軍之役最
爲苦重雖應一役尚難支堪是白去乙卞道水軍段兼役侵責不一其端此亦他道所無之事聞來極
可驚駭是白去乎分付卞道抄出部將軍官衙前使令及其他兼役之類即爲頉下其無役後都成冊上
送本司以爲憑考之地爲白乎於云云屯民募入欲役校屬之類守令不敢下手以致正軍闕額侵徵之患
至及於白骨隣族是白爲今日之痼弊而海西一路比他道尤甚若不大加変通則無告良民終無保存之路
是白乎矣但念定撥募入亦不無碍窒難行之弊是白在果曾於上年五月日已事目更爲啓下申明募入
屯民之無本身役而可合定役者充定軍額而本衙門宮家或有致責本官之事則使之粘移備局以爲
處置之地爲白有去乙列邑因循至今不爲永行誠可駭然是白去乎分付本道使之申飭列邑勿論屯軍一

募軍冊本身役而可合軍保者前頭歲抄時抄定軍保制額爲白乎矣新募入冊根著之類則切勿
侵責使之安接俾無驚擾逃散之患宜當是白乎旀兩營及中軍々牢保人段不知其數矣何是白乎喩
軍牢給保雖似不緊是白乎乃營與人吏官屬之給保復者有異今若擇罷保人則必有難支之弊是白去
乎今本道一々抄出成冊上送本司以爲知其實數後參酌分付之地爲白乎旀所已新塘木鎭新設峽中土卒
貧殘是白在如中云々訓局近規以此貿細作爲旗幟之用有非等閑貿易之比是白乎矣但念前日各鎭未設之前
段置軍中旗幟未聞闕之是白去乙今乃刱此無前之事使峽中殘貧土卒私自添價又令各鎭主將憑依濫
捧事之無據莫此爲甚是白去乎今後永爲革罷宜當以此分付訓局爲白乎旀云々有身役之人亦爲亂
簿於軍官除番納布已是無據而至於額外校生稱以除講納布尤涉可駭是白在果此非但海西爲然
他道亦多此弊今若變通則事當一體分付而大飢之餘行此查覈之擧不無騷擾之慮是白去乎姑待
前頭巡撫使發遣時以此添入於事目中查問後稟處爲白乎旀云々監兵營之捧鷹各邑不過爲營中
應求之資是白去乙爲其私用害及窮民事極不當此分不喩至於守令之憑依加捧又以米石代納尤極

可駁所當永為革罷是白乎矣其中若或有公用之規則亦不可一例革罷致有窒礙之弊是白去乎
令本道詳覈其公私用處明白啓聞以為稟處之地為白乎旀云云西路各邑取民無法貪官汚吏科外徵
斂在處皆然是白在如中深峽僻邑之恣意掊克其勢必至邑民之願得名官爲宰其情誠可矜憐是白
在果遂安新溪既曾前或有文官差遣之時而兼營將討捕使之間差文官亦有他邑之例是白去乎上項
三邑守令時以出入臺侍之人差送一以變通民瘼一以憚壓各鎮宜當為白乎旀新設諸鎮之貽弊各
邑欽恩士卒誠如所陳比分不喻設置利害從前論說亦甚多端是白乎矣朝家之爲設關防其意有在
今不可輕議革罷是白乎旀云云黃鳳田結劃給蒜山久不還送事體誠極不當乙仍于曾因諫臣陳疏行
查本道欲爲變通是白如可以其本鎮形勢之難於支過姑為安徐是白在如中今不可更議是白乎旀
鳳山郡之諸宮家折受各衙門屯田募民甚多而一應官役無所干預是白乎所其為邑弊可以推知是
白乎矣屯民以其充定軍額已有啓下分付自當依此申明舉行不必更為定奪是白乎旀屯田收稅初
付別將之手雖似省弊於本官是白乎乃本官收稅之時亦不得不付之監色之手是白在如中其所

侵虐屯民彼此無甚騷殊留政之跡偏反有甚於別將新設之所革罷一款有難施行
是白去乎令本道頻頻申飭本官別將革罷非法之事使之隨現論報臨營以爲嚴治懲後之地
爲白乎旀云云長淵素稱瘠海殘邑而十一坊之內屯田折受至於二十處本府難支之狀據此可知
是白在果殘邑折受處過多不成官家良義査出處通曾有事目是白去乎令本道詳査
啓聞以爲永罷之地爲白乎旀薪串毁果是船材護養之處則御營廳之冒禁設治以致赭
着何由折是白乎喻亦令本道査覈啓聞爲白乎矣長山串毁置數百年長養之地船材日漸
濯濯誠非細慮是白去乙京各司及本道上司任意來斫云者極可駭然是白去乎令本道依事
目各別申飭嚴禁斷爲白乎矣前日任意來斫是如爲白在京各司及本道上司亦令本道監司摘
問地方官一一査覈啓聞以爲論罪之地爲白乎旀云云諸宮家折受之中除出三百結賜與之外既已一倂
革罷是白去乙今此兩箇段何以仍屬宮家是白乎旀儲水蒙利之處不許冒耕亦有令甲是白
去乙又何以折受於宮家是白乎喻令本道詳査啓聞以爲稟處之地爲白乎旀云云凡諸復戶

之規必以所居官田結劃給是白去乙長連縣之他官驛卒給復有違常規是白乎於新
舊官迎送之際諸般責應令其人吏官奴婢獨當寔爲偏苦是白乎矣外方邑規各自不
同有難自京變通是白去乎上項兩款令本道查問本官有不可稟旨施行者則論列啓聞
從長變通爲白乎於金郊一驛處於孔道爲役偏苦曾前則自巡營以雇稅木給價立馬是
白如乎戊午年分有一郵官欲爲衒能始創自文之規驛卒亦處責徵其價是白乎亦以驛
卒輩相継逃散凋弊莫甚是白置自今以後依前自營門給價立馬以爲保存之地亦爲白有卧
乎所官中凡事創出新規寔爲後弊是白去乙郵官之自爲衒能輕改旧例誠極可駭是白去等
即令驛路凋弊至於此極不可不還復旧規是白去乎令本道參酌便否斯速變通後
啓聞何如

中樞府使令吳禮男白等矣身亦相位敎是分付導良今月初四日良中銅
雀津過涉舡執捉待令爲有如乎務安縣監一行自京出來矣身所捉舡强
奪先渡矣身挽執不許則矣身乙扶曳亂打無數不至然不喩至於語侵
相位極其悖慢仍爲曳驅馬前一馬場許後放黜過行事鴻山主人及務安
主人目覩爲有置相考敎事
務安主人趙得善云云矣身陪行官行次于銅雀津渡爲有如乎中樞府使令捉
舡留待是白去乙矣官行果爲先渡則使令挽執不許之際官行使下人扶曳
馬前之事矣身目覩是白遣至於語侵相位一款矣身執捉他舡次進去之後
知不得爲白去乎相考施行　鴻山主人洪爲與此大同
吳禮男更招云云矣身當初所捉舡挽執不許是白如可向入自舡曳下無數
亂打是白去乙矣身出示牌文告以李判府事大監敎是分付導良鴻山尚

行次過涉事次捉船待令是去乙何如是旀驅亂打云云則答以我不知之子
判府事乎旀騎一馬場許後放送的京云云、 此招辭典守者言内相位分付至叩極秘云尤可笑也
務安公乙供辭云云矣身曾在本縣是乎等以其時事狀雖不得目覩是乎乃詳聞
於行次下人輩則矣官主去月初四日良中自京來到銅雀津过則有撥三船隻職於
江頭是去乙欲為過涉而入坐一船是如乎有一醉漢箕踞船上高聲叱辱曰吾所
捉之船何人乃敢突入乎其為辭氣極其覆惡乙仍于同行次下人與之爭詰互相拳
毆是去乙矣官主使之呵禁之際俄而一席行縴至鴻山縣監也其内行則載於傍
近他船是遣其縣監則主同入於矣官主所坐之船而觀其辭色頗有憤怒之氣
至曰吾所預待之船乙何為先入乎矣官主對曰津船豈有主乎雖是尊位先捉之船
同舟而渡有何所妨云則鴻山縣乎主昂然不答顯有相較之意至引祠堂急急
共載是乎等以矣官主不敢同載即為下船移往下津之時上項醉漢持杖追及

遮立馬前對面凌辱曰我乃京衙門使令是去乙未知何許縣官是喩從此下
人歐打矣身若是其甚邪官主荅曰汝亦相関之事吾何以知之是旀汝雖京衙
門使令旣是下人則何敢凌辱兩班至此乎再三開諭終始不去之故不得已觸
腦而退之當初元無、毆亂打之事及其觸腦而退亦無前良後打之事是去等
亦豈有鴻山縣監送人救解之事乎且京司雖尊使令則自是下人下邑雖卑
守令則旣是官員而貴賤之別尊卑之分迥然不同是去乙同厥漢段恃勢乘醉
詬辱官員固有紀極則樣以常情孰肎談笑而受之不爲亦退乎事之是非如是
明白而乃敢搆捏誣訴至於此極眞所謂賊反荷杖者也且其時京不知厥漢之爲
某衙門某上司使令是去乙名豈有指名李判府事大監侵辱之事乎若誠知爲中
樞府使令是乎良置、豈敢辱及於其所行下之宰相乎此則萬〻不近似之言以此
一款推之良貟其郞〻誣罔之狀昭不可掩是去乙敢与鴻山縣監行次時人亦表

裡構成十分証隔於相位大監前有此移關推治之承是白乎同月內辭緣千
萬曖昧

丁丑被謫時顚末

全羅道觀察使兼巡察 金守杭 爲相考事節到付曹關內節該田稅米貢物奴
婢身貢未收是在長興及奴婢貢米未收是在咸平靈光等邑守令並決杖其
餘奴婢身貢未收各邑守令並從重推考關是置有亦凡上納穀物自當年秋冬
翌年春初至收捧春末夏初莊載上納乃是事目是在如中靈光前郡守遞任在
於二月日 洪禱在 任在表 時任郡守到任在於閏三月分令比決杖前郡守爲當該是乙喩
時任郡守爲當該是乙喩本郡未能指一現告自本道亦難區別是乎亦以如是移
文爲去乎自貴曹指一回移以爲冕時風行之地事尸書題辭內本曹陵依
啓下分付而已當該郡守令摘發論罪唯在本道非本曹所可現告相考施行

司戶曹啓下關丙子条田稅米貢物奴婢身貢未收是白在長興及奴婢貢米未收是
白在咸平靈光亦邑守令營門決杖次以馳進之意發關分付爲白有如乎即接靈光郡
守文狀則郡守今月十八日發行上京是如爲白卧乎所同郡守朴某不遵朝命任自棄官
棄印徑歸之狀委屬驚駭是白乎亦以爲先罷黜爲白乎旀營門決杖不得舉行緣
由馳啓爲白去乎罪狀令攸司稟處爲白只爲　八月二十一日封上　搆揑極矣
白等矣身今年二月二十五日除授靈光郡守閏三月初四日辭朝十三日始到任所
點檢本郡丙子条上納穀物文書則田稅大同及其他穀物乙皆收捧上納而奴婢
作米耳亦不爲收納爲白有如乎今司戶曹啓辭未收等邑守令營門決杖是白乎
亦以自營發關分付是白乎矣大凡京上納穀物秋冬收捧春初裝載自是事
目則閏三月旬後來到之官爲其當該係涉寃枉是白乎等以以此曲折備陳監營
則自監營枚乙係狀移文戶曹爲白有去乎矣身之不爲當該道臣亦非不知而不

復詳覈畢竟敀責於矣身爲白卧乎所雖隸僕至賤之類是白良置非其罪而

罪之則必不白伸暴以爲鮮脫之計是白去等矣身雖極疲軟既忝朝士之列則豈

可肯逭(受)非己之罪而甘心碌〻無一辭自明乎朝家雖有決杖之令不別前後不問當

否混然以時任者俾受其責恐非朝家之本意是白在如中矣身雖無狀粗識分

義豈不知朝命之不可不尊而今此棄官之舉非敢爲無端把花宗是揀暴無路不

自覺其反陷於罪戾是白去乙今乃全沒委折只以不尊朝命直驅之於罔赦之科爲白

卧乎所尤極曖昧是白乎矣 傳旨內辭緣惶恐遲晩 就理未原情前備邊司稟者 啓辭

備邊司啓曰 柳尚運 所啓 臣見全羅監司狀啓則灵光郡守朴某聞有朝命投印上去營

門決杖不得承行云無論內外均是朝命而以受杖營門爲恥投綬徑歸故使朝

令不行今日國綱雖曰解弛如使○○必有顧畏之心則縱肆無忌何敢乃爾決不

可循例論罪而止令該府從重擬律定配於前任官道內之邑而分付道臣使之依

前定奪決杖營門後押付配所以為稍存紀律之地亦何

答曰云云之事極其無嚴啓辭中決不可循例論罪而止云者正合予意也依啓

綿城日記

戊辰三月二十六日除振務安縣監四月十九日辭　朝仍向高陽山所二十日還故
崇禮門外止宿柳仲九龜徵家二十一日南郎瑞夏南受萬金聖起南熏默
任士亮任士長李德老李元方玄紀李啓商玄祚趙持正浞李幼安李彥叟
鄭彥平嚴令李子商日翼李大受夏命朴子豪洪允舊僚友金士直祿李
持御彥緯吳遂大吳遂遠安玖李相殷李齊尚朴受而沈泰元來別歷入西氷
庫見李判府事尚眞洪甥禹成及家奴士逸饋直震有等自京出來与之偕
往仍渡漢江午抵果川縣前店舍遂賦五言一律夕到梧村庄舍留宿
二十二日雨留梧村○二十三日雨勢似歇然行午抵中底店中火夕抵陽城元堂里李
保春家留宿慶文會許顯來見○二十四日朝發慶至會日蘇楦來見歷路
弔尉柳喪人黃允才仍訪元舜相父子過餘谷聘丈舊居有感以賦午抵成

歡驛店夕宿全義高登里金書房樞家○二十五日朝發高桐午抵葳
考院店○二十六日自孝家店曉發朝抵慶川店逢雨過草浦橋止宿礪山○
二十七日朝發到參禮驛宿全州邑內○二十八日难發朝到金溝見曹太守午
抵詩山○二十九日自井邑川院發行○三十日自高敞發行宿靈光郡○五月
初一日到務安境上翌日上官

己巳正月十七日發綿州夕抵錦城以大祀行錦城堂祭十八日午抵北倉宿長
城乾亀山里二十日到詩山主倅李益著來見○二十一日到全州与潭陽府使
金儁相龍潭縣令金鎬靈岩郡守李相周同行延命之禮趙世顯李存仲
許文若來見崔有撰來見叙族義○二十二日夕到壺山主倅洪天叙來見
○二十四日自壺山益山郡守柳以井與德縣監李鋑萬頃縣令尹顯和靈岩
郡守李行周來見午後巡相權是經到本郡迎候○二十五日午後影幀到本

郡与友在各官祇迎罷出仍往見大臣　承旨李墪裕初沈枰任士長以史官亦
来往見打話夜故〇二十六日祇送　影幀仍留壺山夕往見訥潭倅金丈与錦山郡
守李成朝话〇二十九日自壺山還故夕宿鳳城主倅徐敬祖来見
二月初九日将欲辭還率民以行中路遇雨止宿縣界咸平水山村〇初十日縣人李
楳鄭和郷所人吏輩追到送別離發咸平縣監閔純未見夕抵靈光郡入見主倅
安柱國 如石〇十一日主倅来見略聞京報午抵茂松縣夕宿高敞縣得見親庭書
見朝報有識〇十二日宿泰仁主倅来見〇十三日到金溝主倅徐敬祖来見夕宿全州入
見巡相夜李文仲来話〇十四日宿礪山〇十五日早發路中逢柳春栽夕宿小浦逢金太初沆
同宿時太初以參禮察訪赴任〇十六日宿天安店舍李保翰来宿〇十七日宿陽城新
村李保春家得見京書聞十五日政移拜正言〇十八日自新村先送家眷余則仍又下来
夕宿天安店舍遇文仲话〇十九日歷訪宋聞而及慎丈夕到清州蘇村庄舍夜成吉三兄弟

昌東允斧諸宗人来見○二十一日連留藤村有 音下来

해서암행일기

인쇄일: 2025년 12월 15일
발행일: 2025년 12월 25일
지은이: 박만정
발행인: 윤영수
발행처: 한국학자료원
서울시 구로구 개봉본동 170-30
전화: 02-3159-8050   팩스: 02-3159-8051
문의: 010-4799-9729
등록번호: 제312-1999-074호

잘못된 책은 교환해 드립니다.

정가 180,000원